UMA INTRODUÇÃO À HISTÓRIA DA HISTORIOGRAFIA BRASILEIRA (1870–1970)

UMA INTRODUÇÃO À HISTÓRIA DA HISTORIOGRAFIA BRASILEIRA (1870–1970)

Thiago Lima Nicodemo
Pedro Afonso Cristovão dos Santos
Mateus Henrique de Faria Pereira

Copyright © 2018 Thiago Lima Nicodemo, Pedro Afonso Cristovão
dos Santos, Mateus Henrique de Faria Pereira

Direitos desta edição reservados à
FGV EDITORA
Rua Jornalista Orlando Dantas, 37
22231-010 | Rio de Janeiro, RJ | Brasil
Tels.: 0800-021-7777 | (21) 3799-4427
Fax: (21) 3799-4430
editora@fgv.br | pedidoseditora@fgv.br
www.fgv.br/editora

Impresso no Brasil | Printed in Brazil

Todos os direitos reservados. A reprodução não autorizada desta publicação, no todo ou em parte, constitui violação do copyright (Lei nº 9.610/98).

Os conceitos emitidos neste livro são de inteira responsabilidade da autora.

1ª edição: 2018

Preparação de originais: Ronald Polito
Revisão: Aleidis de Beltran
Projeto gráfico de miolo e diagramação: Ilustrarte
Capa: André de Castro

Ficha catalográfica elaborada pela
Biblioteca Mario Henrique Simonsen/FGV

Nicodemo, Thiago Lima
    Uma introdução à história da historiografia brasileira (1870-1970) / Thiago Lima Nicodemo, Pedro Afonso Cristovão dos Santos, Mateus Henrique de Faria Pereira. - Rio de Janeiro : FGV Editora, 2018.
    232 p.

    Inclui bibliografia.
    ISBN: 978-85-225-2071-8

    1. Brasil – Historiografia – 1870-1970. I. Santos, Pedro Afonso Cristóvão dos. II. Pereira, Mateus Henrique de Faria, 1977- . III. Fundação Getulio Vargas. IV. Título.

CDD – 907.20981

Sumário

APRESENTAÇÃO 7

CAPÍTULO 1: Mutações globais do conceito moderno
de história e a historiografia brasileira 13
"Historiografia" em escala transnacional 19
O desafio de pensar a história da historiografia
brasileira: recorte, critérios e problemas 24
A produção de um cânone e questões para uma autonomia
relativa e negociada para a história da historiografia 31

CAPÍTULO 2: Figurações da historiografia na crise
do Império e nos primeiros tempos republicanos 39
Preâmbulo: sobre uma história científica 41
O "Necrológio de Francisco Adolfo de Varnhagen" entre
o passado e o futuro 44
"Das entranhas do passado o segredo angustioso
do presente": Varnhagen segundo Capistrano 47
Cronista, historiógrafo, historiador: modulações semânticas
e usos discursivos do conceito de historiografia 53
Capistrano de Abreu, documento histórico, evolução e síntese 60

CAPÍTULO 3: A emergência do discurso sobre
a universidade (1930-1950)   67
Os sentidos da "profissão" nas letras: do modernismo
ao pós-Segunda Guerra   68
Necrológio de Capistrano? "O pensamento histórico
no Brasil nos últimos 50 anos"   74
Horizontes de um historiador profissional na década de 1950   89

CAPÍTULO 4: Como se deve escrever e ensinar história
do Brasil depois da universidade? Instituições,
novos agentes e mercado editorial   101
A emergência dos "estudos brasileiros": circulação
internacional no pós-Segunda Guerra   102
Historiografia no *Manual bibliográfico de estudos brasileiros*   105
Apontamentos sobre a *Revista de História* da USP   111
Alguns dos primeiros manuais formadores e o desafio
de ensinar teoria da história e historiografia brasileira   123
De volta ao começo: como se deve escrever a história
do Brasil no projeto *História geral da civilização
brasileira* (1961-1972)   132

CAPÍTULO 5: A "historiografia" e caminhos para a
consolidação da profissão de historiador (anos 1960-1970)   139
José Honório Rodrigues outra vez   141
Amaral Lapa: historiografia no pós-1964   151
A história da historiografia nos currículos universitários   155

CONSIDERAÇÕES FINAIS: Dilemas e encruzilhadas
do século XXI   183

REFERÊNCIAS   199
AGRADECIMENTOS   229

Apresentação

O que parece indiscutível é que o pensamento histórico é uma evolução historicamente singular da experiência temporal [Luckamann, 2008:65].

O que propiciou a difusão e consolidação do conceito de historiografia sobre outras formas de se referir ao trabalho do historiador? A experiência brasileira nos sugere uma associação íntima entre historiografia e o estabelecimento dos cursos universitários de história no país. Historiografia seria, nessa linha, o conceito articulador das expectativas e desejos de uma história escrita nas/para as universidades: uma história científica? As representações do passado construídas fora dessas lógicas de poder e saber podem até ser história, mas seriam *historiografia*?

Essas experiências e expectativas e desejos foram expressos nos primeiros balanços e estudos que são considerados história da historiografia no/do Brasil, entre 1870 e 1970. Desde Capistrano de Abreu, escrevendo o necrológio de Francisco Adolfo de Varnhagen, em 1878, e ultrapassando a análise da obra do visconde de Porto Seguro para chegar a um retrato do historiador ideal, até a produção do século XX, nas universidades e associações profissionais (Associação Nacional de História — Anpuh), procuramos analisar como os historiadores brasileiros definiram seu ofício, processo concomitante com sua historicização. Os textos de reflexão, os momentos em que os historiadores se dedicaram a pensar o passado de sua disciplina, seu tempo presente e suas necessidades e projetos para o futuro formam o cerne de nossas fontes aqui. A reflexão sobre o conceito moderno de história atravessa, entre as décadas de 1870 e 1970, as análises de muitos historiadores brasileiros. Em outras palavras, muito antes de a história dos conceitos de origem alemã fazer fama mundial, o tema, de forma direta ou indireta, era frequentado por aqueles que se dispunham a refletir sobre a história e/ou prática histórica. Não é casual, desse modo, que o texto "É a história uma ciência? Introdução à *História da civilização* de Bukle" de Pedro Lessa, publicado em 1900, tenha sido republicado pela *Revista do Instituto Histórico e Geográfico Brasileiro*, em 1908, com o título "Reflexões sobre o conceito de história". E, ainda, que em 1905 o primeiro parágrafo do prefácio de Rocha Pombo para seu livro *História do Brasil, ilustrada* chame-se: "A concepção moderna da história".[1]

O conjunto de textos e fontes analisados não poderia, por certo, deixar de demonstrar a grande importância de José Honório Rodrigues para a história da historiografia brasileira. Nossa própria pesquisa partiu de sua identificação do que chama de "pioneiros" dessa história da historiografia ou, em suas palavras, de uma história da história. No entanto, o *corpus* que discutimos no livro também nos permite relativizar a ideia de "grandes nomes" nessa história, apresentando um debate difuso e complexo: desde a historiografia da crise do Império (década de 1870) e início da República até os debates na Anpuh a respeito do lugar da incorporação da história da historiografia e da teoria da história nos currículos, no início da década de 1970, quando o sistema universitário brasileiro é reestruturado a partir da Reforma Universitária, de 1968.

---

[1] Esses dois textos são citados aqui para ilustrar a complexidade e a história do nosso problema. Essas reflexões foram analisadas com muita propriedade por Gomes e Lessa (2015).

Podemos até falar em certa autonomia adquirida pela história da historiografia a partir da década de 1970, quando aparecem obras monográficas dedicadas à análise da escrita da história, tais como as obras de José Roberto do Amaral Lapa, Maria Odila L. S. Dias, Nilo Odália, Maria de Lourdes Mônaco Janotti, Raquel Glezer, entre outros. No entanto, nossa argumentação pretende ir além de uma "formação" da história da historiografia brasileira, partindo do objeto dado no presente, nossa subdisciplina, e, assim como fizeram nossos antecessores, recriando uma tradição, em seus "momentos decisivos" e em suas principais figuras. O que se propõe aqui é deslocar e suplementar algumas dessas perspectivas ao optar por enfocar os problemas e as ambiguidades do conceito e da experiência moderna de história em suas interações entre a matriz europeia e sua fixação e apropriação no Brasil.

O que salta aos olhos é um forte impulso e responsabilidade de rearticular essas ferramentas com as demandas mais imediatas e mais agudas do presente. Foi exatamente isso que boa parte dos historiadores aqui analisados fizeram e é exatamente isso que esperamos deste texto. Afinal, a reflexão sobre a história nunca esteve apartada de uma dimensão pedagógica e cidadã. Fica evidente, na análise de muitos textos, essa preocupação, historiadores assumindo que era preciso repensar a história, tornando-a pertinente para as próximas gerações.

No primeiro capítulo, realizamos um esforço de pensar o conceito de historiografia em perspectiva transnacional. Com o auxílio da ferramenta Google NGram Viewer, sondamos a emergência do conceito (e/ou seus equivalentes) em alguns idiomas (inglês, espanhol, alemão, francês, entre outros), confrontando os achados com nossa pesquisa acerca do seu surgimento em português (idioma não contemplado na ferramenta do Google). A pesquisa nos permite refletir sobre a relação entre a emergência do conceito de historiografia e o período apontado por

Reinhardt Koselleck para o aparecimento do conceito moderno de história (1750-1850). Nossa pesquisa demonstra que adensamento global no uso do termo "historiografia" representou uma fase em que o conceito moderno de história ajuda a dar identidade para a cultura acadêmica universitária em história no século XX. O que procuramos mostrar é que o Brasil não é uma mera "periferia" desse processo; pelo contrário, demonstramos certa sincronicidade entre a cultura histórica especializada brasileira e as historiografias referentes aos países cujas línguas levamos em consideração. Pensar o lugar global da historiografia brasileira em finais do século XIX e início do século XX, considerando a diversidade linguística e as modulações do próprio conceito de história, se apresenta assim como a porta de entrada de um estudo que procura detalhar o processo de produção de uma cultura historiográfica especializada no século XX.

O segundo capítulo expõe o início de nosso estudo sobre os momentos em que essa historiografia se voltou para si mesma. A partir de Capistrano de Abreu e o "Necrológio de Francisco Adolfo de Varnhagen" (1878), examinamos os textos de reflexão historiográfica tanto enquanto análises da historicidade de seus objetos como enquanto projeções das expectativas de seus autores acerca do que acreditavam ser, propriamente, a escrita da história (ou, de uma história "científica"). No contexto do final do século XIX e primeiras décadas do século XX, examinamos as diferentes possibilidades de se definir o autor de estudos históricos (cronista, historiógrafo, historiador), e as disputas e debates difusos em torno dessas definições, bem como a busca por antecessores e marcos inaugurais.

O terceiro capítulo abre a reflexão sobre as mudanças trazidas pela universidade (como instituição e discurso) sobre a forma como os historiadores definiam seu ofício. Examinamos as perspectivas de atuação do historiador profissional a partir da década

APRESENTAÇÃO

de 1930. É ponto pacífico que a universidade no Brasil seja um fenômeno tardio, não só porque os primeiros grandes centros surgem apenas na década de 1930, mas também porque o desenvolvimento de uma cultura historiográfica efetivamente ligada à universidade levou décadas para ocorrer. Por isso, o capítulo se propõe a investigar não exatamente como as condições concretas do conhecimento produzido na universidade apareceram na década de 1930, mas sim como alguns historiadores rotinizam o uso do conhecimento universitário e especializado como uma realidade linguística dotada de valor qualificativo e positivo. Complementando a análise, o quarto capítulo retoma a questão proposta em concurso do IHGB na década de 1840, "Como se deve escrever a história do Brasil?", atualizando-a para o contexto pós-universidades. Procuramos trabalhar com alguns exemplos de história produzida no contexto da universidade atentando sobretudo para a dinâmica material e contingente: revistas, coleções, destinadas ao novo público (que em si também carregavam esse debate). Estudando o mercado editorial, acrescentamos a essa questão algumas ponderações sobre "para quem" e "sob que formatos" essa história seria escrita, e examinamos seus (autodeclarados) princípios ao estudarmos os primeiros manuais de escrita da história posteriores à articulação dos cursos superiores de história.

As mudanças no Brasil pós-1964 e a Reforma Universitária de 1968 aparecem no quinto capítulo, dedicado ao exame dos debates sobre como inserir história da historiografia e teoria e metodologia da história nos currículos universitários, a partir, especialmente, da organização dos historiadores em torno da Associação Nacional de História (Anpuh). Assistimos e interrogamos a construção da "evidência disciplinar" de uma história da historiografia, que vai se consolidar com maior vigor a partir dos anos 1980. Por isso, discutimos, nas "Considerações finais", a historiografia no período da redemocratização, bem como lançamos problematizações sobre a produção das últimas décadas. Destarte, esperamos acompanhar, criticamente, os percursos do conceito de historiografia à luz de sua apropriação (pois é anterior a esta) pela cultura universitária, como selo de distinção de uma produção em história particularmente sua (isto é, das universidades). Mais além, vemos esse conceito em suas relações com os projetos e as vivências de uma modernidade brasileira, seu uso como forma de olhar o passado da disciplina à luz das questões que o presente do país permanentemente coloca a seus historiadores.

Para que este livro chegasse às mãos dos leitores, foi preciso que um evento existisse: o Seminário Brasileiro de História da Historiografia. Foi no espaço desse evento, até então só realizado em Mariana desde 2007, que os três autores se conheceram e entraram na aventura de um trabalho coletivo e colaborativo. Pensar *com* o colega foi o maior desafio. Mas foi, também, uma postura ética e política de questionar o narcisismo que está articulado com a ideia de autoria. Os textos foram assim produzidos em camadas, de modo que a autoria individual foi se diluindo até que esse sentido praticamente se dissipasse.

Desse modo, o projeto deste livro nasceu dos encontros realizados pelo Núcleo de História da Historiografia e Modernidade (Nehm-Ufop) desde 2007. Utilizamos como matéria-prima para o livro textos anteriores nossos (individuais e coletivos), bem como ideias inéditas, para tentar produzir uma reflexão, como já afirmamos, que tem como público-alvo o estudante de graduação em seus primeiros passos no "mundo" da história da historiografia. Em alguns capítulos, por essa preocupação didática, repetimos alguns argumentos e blibliografia para que os mesmos possam também ser utilizados e lidos com certa autonomia. Ainda assim, desejamos que todos possam ler todo o livro para compreender de forma global nossas teses centrais que estão articuladas no encadeamento entre os capítulos.

CAPÍTULO 1

Mutações globais do conceito moderno de história e a historiografia brasileira

O conceito de história (*Geschichte*), como mostra R. Koselleck, sofre mutações definitivas no espaço de língua alemã a partir de meados do século XVIII. Da experiência do passado, das histórias e crônicas que ensinavam as lições da história, emerge, após a Revolução Francesa, um conceito de história como realidade unificada e processual.[2] A história passa a ser entendida como singular coletivo;[3] "além das histórias há História", escreve, no século XIX, Gustav Droysen.[4] Nessa nova forma de se relacionar com o tempo, as luzes vêm do futuro e o passado deve ser avaliado, posto em dúvida. Surge daí uma consciência crítica em relação ao espaço de experiência, traduzido por um sentimento de distância e diferença em relação ao passado. Num primeiro momento de dissociação entre história e moral, em que a história como relato de acontecimentos únicos impõe-se à história coletânea de exemplos, o historiador foi visto como

---

[2] Koselleck (2006). (Primeira edição em alemão de 1979.) Analisando a reflexão de R. Koselleck sobre o conceito moderno de história, Paul Ricœur afirma: "existe tempo da história na medida em que há uma história una. É a tese mestra de Koselleck" (Ricœur, 2007:313).
[3] Arendt (1992); Hartog (2003); Koselleck (2006).
[4] Essa perspectiva de Droysen é retomada por Arendt (1992), Hartog (2003a) e Koselleck (2006). Sobre Droysen, ver Caldas (2006:95-111).

reprodutor da verdade nua, como um pintor, pois era possível imitar os fatos por meio da representação (Koselleck, 2006:333).

Quando trabalhamos com o modelo da história *Geschichte* temos como referência o padrão alemão de "ciência histórica" e sua irradiação e reapropriação em escala mundial, a começar por casos não menos "centrais" como o da França. Mas não podemos deixar de nos questionar como esse processo se deu em culturas periféricas, que se colocavam em condição de dependência econômica e cultural com relação ao centro do capitalismo.[5]

Mais do que um livro, conjunto de autores ou de obras, o objeto estudado neste trabalho é uma modificação na experiência histórica e seus efeitos no pensamento histórico, bem como no debate público. O uso mais sistemático do termo "historiografia" nas reflexões de historiadores é, nesse sentido, um sintoma dessas transformações. Trata-se de entender que a história (*Geschichte*), em sua acepção moderna estabelecida entre finais do século XVIII e nas primeiras décadas do século XIX, sofreu sérias transformações de meados do século XIX até os dias atuais. Emprestando as palavras de Dalton Sanches, o pensamento histórico aqui estudado corresponde a reflexões "históricas e/ou historiográficas que, por múltiplas circunstâncias, acompanham a paulatina erosão de uma história singular coletivo não mais capaz de sustentar uma experiência temporal progressiva fadada ao sucesso inexorável do devir humano" (Sanches, 2012:216).

Ao longo deste livro demonstraremos que a dinâmica do termo historiografia no espaço brasileiro pode, além de ajudar a compreender o desenvolvimento da própria historiografia e da história da historiografia brasileira como campo de conhecimento, relacionar-se com o que ocorre em outros contextos, na medida em que tal fato acontece simultaneamente à difusão do

---

[5] O caso da Índia é estudado em Chakrabarty (2015).

conceito de "historiografia" em escala transnacional. Em outras palavras, o pensamento histórico no Brasil não cumpre um papel passivo na irradiação tardia do modelo alemão. No choque de culturas e experiências históricas, algo de novo acontece, de modo que podemos dizer que a historiografia brasileira, assim como outras "culturas periféricas", contribui na redefinição de uma experiência histórica global entre os séculos XIX e XX.

Como afirmam Iggers, Wang e Mukherjee em *A global history of historiography* (2008:5-7), de fato, a missão de uma história global será verificar as interações produzidas pela disseminação do padrão historiográfico moderno e sua adaptação criativa, pergunta que procuraremos responder no terceiro capítulo. No entanto, é necessário relativizar a ideia de relações rígidas de "influência" entre centro e periferia na modernidade, aprofundando o conhecimento de experiências periféricas. Não se trata apenas da "adaptação criativa" dos padrões ocidentais de história, mas como a própria experiência histórica sofre modificações significativas.[6] Não custa lembrar que a experiência moderna de história foi modelada no contato com o "outro", seja "ocidental" e/ou "oriental".

A partir desses desenvolvimentos da experiência histórica no Ocidente, poderíamos ser levados a pensar que o Brasil está

---

[6] A história da historiografia pode aprender muito com os *subaltern studies* nesse sentido. A do caso brasileiro dessa trajetória permitirá, portanto, compreender que, em um contexto de revisão dos parâmetros europeus de pensamento, a "periferia" foi um lugar de experiências de vanguarda na reelaboração de ferramentas que permitiram a reconfiguração das formas de representação do passado. Ver Chakrabarty (2000). A resignificação do passado em novas narrativas pós-coloniais, como parte da configuração de uma modernidade periférica específica, foi estudada por Roberto Vecchi (2014:17-34), que examinou o "luso-tropicalismo", a construção do discurso de Gilberto Freyre sobre o colonialismo português apropriada (com apoio do autor) pelo regime pós-colonial salazarista português, observando a necessidade da teoria pós-colonial atentar para a análise dos discursos.

numa posição periférica, tendo desenvolvido características em comum apenas tardiamente. Mas, pelo contrário, de acordo com Guillermo Zermeño Padilla, João Paulo Garrido Pimenta e Valdei Lopes de Araujo, no que se refere à "experiência do tempo", podemos dizer que a afirmação do conceito de história (como *Geschichte*) na América Latina não é muito posterior ao caso da Alemanha, ocorrendo na primeira metade do século XIX a partir da experiência política das independências no continente, que abrem caminho para o novo espaço de experiência da modernidade (Zermeño Padilla, 2008:5-46; Pimenta e Araujo, 2009).

A apropriação das categorias de Koselleck pela historiografia latino-americana compõe apenas um fragmento de um debate mais amplo a respeito da natureza da experiência periférica de modernidade: em outras palavras, sobre como valores burgueses e liberais se espalharam pelo Novo Mundo. O escopo temporal de nosso estudo sobrepõe-se ao período de cristalização das ideias de modernidade, modernização e industrialização no debate público brasileiro, impulsionado por eventos históricos como o longo fim da escravidão, a crise e a queda da Monarquia.[7] Ao lado desses processos, devemos levar em consideração a contribuição do capital emanado do comércio do café e a hipertrofia dos centros urbanos.[8]

A história foi provavelmente o meio mais importante para o debate sobre modernização já que a principal condição para a modernidade era lidar com o passado colonial como sinônimo de arcaísmo/atraso. Nesse ponto, o conceito moderno de história atinge sua forma sistemática e madura, ancorado na opi-

---

[7] Ver, entre outros, Holanda (1995 [1936]) e Candido (1975 [1959]); Schwarz (1973); Sousa (2015:213-230); Alonso (2002); Carvalho Franco (1976); e Ricupero (2008:59-69).
[8] Ver, entre outros, Sevcenko (1983).

nião pública. A herança arcaica do passado colonial tinha de ser identificada, estudada e derrotada de modo a abrir espaço para uma nova era. É, pois, possível falar de nacionalização do passado, de um uso programático do passado, de um certo espaço de experiências, todavia marcado por um horizonte de expectativas altamente projetável no Brasil (Nicodemo, 2008:23-46, 161-195). Além do caloroso debate na imprensa no qual essas discussões eram moldadas e se tornavam tangíveis, aparece, a partir da segunda metade do século XIX, um tipo específico de "ensaio social" ou "ensaio histórico", uma forma híbrida que mescla política, estética e ciências sociais que não é típica apenas do Brasil, mas está em claro diálogo com o pensamento latino-americano contemporâneo.[9]

Como veremos mais a frente, Capistrano de Abreu (1853-1927) em fins do século XIX se apropria do conceito moderno de história em sua complexidade, dialogando com autores da tradição histórica e sociológica alemã, francesa e inglesa, sem que sua "modernidade" venha, por isso, de "influências estrangeiras". Capistrano, nesse sentido, foi um dos nossos "mestres do rigor", no que se refere à capacidade de compreensão, explicação, interpretação e desenvolvimento do conceito moderno de história.

Paul Ricœur afirma, a partir de Koselleck, que no final do século XVIII e ao longo do século XIX houve um "estágio, que se pode qualificar de ingenuidade ou de inocência, [em que] o termo história exibe um teor realista que garante à história enquanto tal

---

[9] Ver, entre outros, Ventura (1991). É digno de nota que Nicolazzi aponta para uma relação entre o ensaio e a "história filosófica" oitocentista. A respeito de *Casa-grande & senzala* de Gilberto Freyre, por exemplo, ele afirma: "O livro de Freyre é também uma espécie de 'história filosófica' tal como concebida por alguns autores do oitocentos, através da qual um encadeamento lógico dos fatos era buscado em proveito de um sentido geral para a história narrada" (Nicolazzi 2011a:273).

uma pretensão própria à verdade" (Ricœur, 2007:315). Também veremos ao longo dos próximos capítulos como Sérgio Buarque de Holanda (1902-1982) em sua produção entre as décadas de 1930 e 1950 representa na historiografia brasileira outro estágio no desenvolvimento do conceito moderno de história. Capistrano e Sérgio Buarque, por exemplo, não abandonaram uma concepção realista de história, ou sua pretensão à verdade. Mas ambos perceberam dimensões da complexidade dessa tarefa, na presença constante da reescrita, ou na perspectiva de que novos documentos e interpretações obriguem a uma revisão dos conhecimentos estabelecidos. Tanto as obras de um quanto do outro historiador são de difícil enquadramento em tradições historiográficas nacionais; e também nos *ismos* historiográficos (positivismo, cientificismo, historismo ou historicismo, marxismo etc.).[10] É justamente o fato de perceberem os limites desse tipo de concepção e de irem em direção a uma percepção mais complexa e mais rica, fruto da pesquisa e da (re)escrita da história, que os tornam casos exemplares para nossa reflexão neste livro.

Diante de tamanho campo fértil, uma de nossas hipóteses de fundo é que o desenvolvimento de uma *tradição especializada*, fruto de uma série de trabalhos de "historiografia", aliado às ambiguidades semânticas da categoria de *historiografia*, possibilita que o campo de experiência da historicidade da produção histórica difunda (ou, pelo menos, torna mais disponível), a partir das décadas de 1950-60, a expressão *história da historiografia*, que só vem a se consolidar definitivamente durante e após a década de 1970. Antes disso, tendo em vista a análise da experiência brasileira, defendemos a tese de que a categoria historiografia talvez tenha se transformado no indicador das transformações do moderno conceito de história, sobretudo, entre as décadas

---

[10] Maria Odila Leite da Silva Dias (2002) o afirma, a respeito de Sérgio Buarque.

de 1870 e 1970 (mas, com especial destaque nos anos 1940). Período de intensa modificação da experiência e das expectativas com relação à escrita da história profissional em escala global. Ferramentas tecnológicas desenvolvidas recentemente como o Google Ngram Viewer podem nos ajudar a compreender isso melhor, mas utilizado por nós com prudência, isto é, apenas como um índice entre outros. Disponível no Google,[11] o Ngram tabula a ocorrência de palavras a partir de um banco de dados composto por mais de 8 milhões de livros digitalizados, podendo servir para termos uma ideia da frequência da ocorrência da palavra historiografia, em diversos idiomas, ao longo dos últimos séculos. O português ainda está ausente na base de dados do Ngram. Apesar disso, propomos uma análise da incidência do termo nos dicionários de época e no seu uso por historiadores ao longo do séculos XIX e XX.

"Historiografia" em escala transnacional

A análise possibilitada pela ferramenta do Google em um recorte abrangente, entre 1700 e 2008, mostra que o termo historiografia passa a ser usado de forma massiva apenas no século XX, em especial, entre os anos 1930 e 1950, arco temporal que coincide com o brasileiro.[12] Até por volta de 1850, a ocorrência era próxima de zero, com crescimento significativo entre 1850 e 1890.

A curva de "historiografía", do espanhol, possui algumas variações significativas: picos (não muito elevados) entre 1720 e 1750, e entre 1820 e 1830, para iniciar crescimento maior de ocorrência nos livros por volta da década de 1890, vindo a efetivamente disparar em ocorrências também por volta de 1940.

---

[11] Ver: <https://books.google.com/ngrams>.
[12] Pesquisas realizadas em janeiro de 2015.

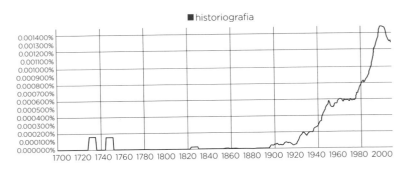

"Historiographie", do francês, e "historiography", do inglês, apresentam curva ascendente, mais ou menos, semelhante à anterior, apesar das oscilações.

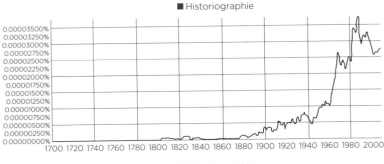

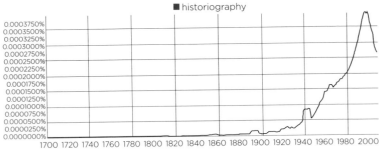

Ao que parece, em todos os casos vistos até aqui (espanhol, inglês e francês),[13] as curvas de ocorrência tornar-se-ão fortemente

---

[13] Em italiano (*storiografia*) e em russo (историография) o gráfico também apresenta praticamente as mesmas tendências observadas nas outras línguas ao longo do século XX, com pequenas diferenças em relação aos casos apresentados.

ascendentes a partir dos anos 1940-50 e dos anos 1980;[14] bem como vão apresentar uma relativa queda na última década do século passado. A exceção a essas tendências gerais ocorre se utilizarmos a palavra alemã *Geschichtsschreibung*. Ela apresenta uma curva de crescimento contínua desde 1830, porém acentuando-se a partir de 1930, mas também com crescimento no pós-Segunda Guerra. Em relação à língua alemã, *Historiographiegeschichte* se relaciona à disciplina "história da historiografia", ao passo que *Geschichtsschreibung* é o objeto. Nessa direção, não deixa de ser interessante observar que *Historiographiegeschichte* apresenta uma curva bem próxima à da palavra "historiografia" nas outras línguas pesquisadas no que se refere ao grande crescimento por volta da década de 1980.

[14] Vale trazer para o debate a esse respeito as considerações de Pierre Nora (1984:XX), que via no movimento da história de voltar-se a si própria um sinal de sua separação da memória, movimento esse que ocorria justamente no fim dos anos 1970, início da década de 1980. De algum modo, nosso trabalho e os gráficos também mostram que esse é um fenômeno de todo o século XX, mas que atinge seu auge justamente no momento em que Pierre Nora está escrevendo, pelo menos se dermos créditos aos gráficos do Google. O texto de Nora, portanto, pode não estar anunciando um nascimento, mas, ao contrário, apontando o auge de um fenômeno transnacional. Também são sintomáticos, por exemplo, os debates sobre o que vem a ser "historiografia" logo após a fundação da revista internacional *Storia della Storiografia*, em 1982. Ver, por exemplo, Carbonell (1982:7-25); e Walker (1982:102-107); Netchkina (1982:108-111) (ambos os textos integram a parte relativa a "*discussioni*": "*qu'est-ce que l'histoire de l'historiographie?*").

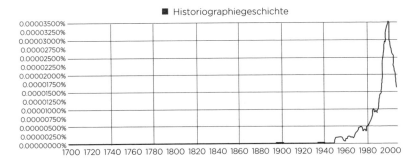

Se compararmos a incidência da palavra "história" em todas as línguas pesquisadas com a palavra "historiografia", veremos que a difusão da palavra história é um fenômeno transnacional da passagem do século XVIII para o XIX. Ao passo que a difusão da palavra historiografia é um fenômeno do século XX.

A difusão da palavra "história" em francês:

Difusão da palavra "história" em inglês:

Difusão de "história" em espanhol (com variações para maiúsculas):

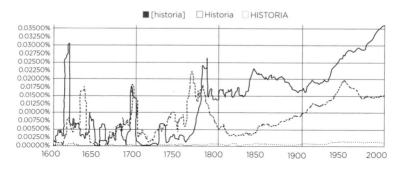

Difusão de *Geschichte* em alemão:

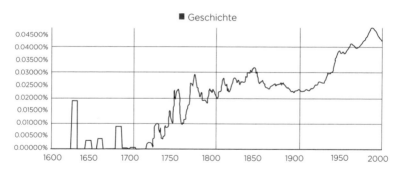

O crescimento ascendente da palavra historiografia, ao longo do século XX, verificado em todas as línguas analisadas, pode ser atribuído, entre outros fatores, ao crescimento da produção universitária ao longo do século XX. Assim, esses dados apontam para uma relativa sincronia entre centro e periferia, o que nos leva à hipótese de que o uso do termo historiografia tenha relação com um processo de modernização disciplinar na história, processo que tem como base quatro elementos principais:
1. diálogo da história com as ciências sociais em afirmação, em especial, com a sociologia, a antropologia e a psicologia social;
2. crítica do antropocentrismo e do etnocentrismo, crucial na

"cultura modernista" desde finais do século XIX e que vai sendo progressivamente incorporada no século XX, tendo como pano de fundo a experiência traumática das guerras mundiais e experiências autoritárias/totalitárias/fascistas; 3. busca de modelos, conceitos, recortes e temas de pesquisa não nacionais ou não nacionalistas, mas transnacionais; 4. virada autocrítica da história, que começa pela crítica do nacionalismo imbricado no conceito de história e leva, por exemplo, entre outras razões, ao *linguistic turn*, entre outros debates e desdobramentos.

Assim, no Brasil, na primeira metade do século XX, pelo menos na linguagem dos historiadores profissionais e universitários, a ambígua palavra historiografia acaba por absorver diversas significações do conceito de história, deixando de lado as dimensões políticas associadas diretamente ao estado nacional imbricadas no conceito moderno de história. Ainda que historiografia se refira ao coletivo singular história, ela acaba por ganhar certa autonomia. A categoria tem a vantagem de não se confundir, como o conceito de história, com a história em si, o processo vivido. Trata-se, assim, provavelmente de uma sofisticação do próprio conceito de história e também da radicalização da pretensão científica desse conceito. Pelo menos nas línguas românicas, a categoria "historiografia" abre, portanto, um novo espaço de experiência, a saber: da história "científica" profissional e universitária. Trata-se, como procuraremos mostrar, provavelmente, de uma busca de ruptura com as escritas da história anteriores.

O desafio de pensar a história da historiografia brasileira: recorte, critérios e problemas

Um dos maiores desafios deste livro é o de estabelecer um recorte e alguns critérios para pensar sobre a constituição de uma história da historiografia no Brasil. Por certo, uma das questões mais relevantes diz respeito à periodização, que não constitui apenas um exercício de definição de balizas cronológicas, mas um esforço conceitual vinculado a uma definição operacional do que consideramos "história da historiografia". Isto é, que tipo de textos, de discursos, que tenham como objeto textos e autores de escritos "historiográficos", podemos considerar "história da historiografia"? Tal reflexão envolve uma série de "desfamiliarizações", de "desnaturalizações" de conceitos, como a própria ideia de historiografia, e o que poderia ser considerado uma reflexão histórica sobre ela.

Isso se deve aos vários esforços de se pensar a história da historiografia no Brasil, a começar pelos trabalhos de José Honório Rodrigues, *Teoria da história do Brasil: introdução metodológica*, de 1949 (com várias edições e aprimoramentos até a edição de 1978); *A pesquisa histórica no Brasil*, de 1952; e a *História da história do Brasil*, primeira parte publicada em 1979. Particularmente na última obra, *História da história no Brasil*, realizou pesquisa pioneira e de fôlego, mas também construiu algumas interpretações cujo risco de tomarmos como "naturais" no estudo da história da historiografia brasileira merece atenção.

O que Rodrigues entende por "historiografia brasileira" já havia sido contemplado nas histórias da literatura brasileira, desde o século XIX, como é o caso, por exemplo, das obras de Sílvio Romero (1960 [1888]) e José Veríssimo [1916], onde a "história" aparecia dentro das divisões da literatura, como uma variedade de prosa. Com efeito, José Honório procurou afastar das histórias da literatura o estudo da historiografia, pois naquelas, segundo ele, imperaria um critério formal e estilístico, em contraposição a uma abordagem centrada nas especificidades da *disciplina* histórica.[15] Dois marcos fundamentais propostos pelo autor merecem atenção especial: a fundação do Instituto Histórico e Geográfico Brasileiro (IHGB) em 1838 como o início da pesquisa histórica disciplinar no Brasil; e o "Necrológio de Francisco Adolfo de Varnhagen, visconde de Porto Seguro", de Capistrano de Abreu (1931 [1878]), como primeiro texto de história da historiografia no Brasil. Pesquisas recentes têm questionado os marcos de José Honório Rodrigues. Atenção especial tem sido dada, por exemplo, à historiografia do período joanino. O crescimento, em particular na segunda metade do século XVIII, do interesse (e mesmo do desejo e da necessidade) pela história transformou a escrita da história em preocupação fundamental do reformismo ilustrado luso-português. A própria obra de história da historiografia de José Honório Rodrigues retrocede ao período colonial, não se limitando à produção a partir do IHGB. Quanto à história da historiografia, seu critério de buscar textos autônomos e desvinculados das histórias da literatura transformou o "Necrológio" no ponto inicial dessa história. Convém examinarmos as palavras de Valdei Araujo a esse respeito:

> Ao desembarcar no Brasil em 1808, a Corte portuguesa, e parte considerável dos dirigentes do Império, sabiam que o passado local deveria ser crescentemente incorporado nesse processo de modernização controlada da experiência da história. Não era possível mais limitar o interesse e os auditórios, era necessário disputar as narrativas. A luta política, cada vez mais feita pela imprensa, confrontava interpretações históricas concorrentes. *É nesse sentido que podemos falar no surgimento de uma historiografia joanina no Brasil.* Mas diferentemente das histórias dinásticas do Antigo

---

[15] Sobre a obra de Rodrigues, ver o cap. 5, Glezer (1977); Marques (2000); e Freixo (2012).

Regime, esses discursos não tinham sua legitimidade garantida pelo aval real ou de academias restritas, eles precisavam disputar legitimidade em espaços cada vez mais plurais [Araujo, 2009:373; grifo nosso].

Se podemos encontrar as características que permitem definir uma historiografia joanina, podemos pensar em uma "história da historiografia joanina"? Consideremos a *História dos principais sucessos políticos do Império do Brasil*, de José da Silva Lisboa, visconde de Cairu. A obra, escrita sob encomenda do imperador d. Pedro I, foi projetada como uma história geral do Brasil, que não chegou aos 10 volumes planejados; "Mas o que chama atenção neste [no primeiro] e nos outros três volumes publicados é o esforço contínuo de debate e avaliação das narrativas até então disponíveis sobre a história do Brasil", como afirma Valdei Lopes de Araujo. Ao longo de toda a obra Cairu insere "resenhas críticas" (Araujo, 2009:378) de textos sobre a história do Brasil.

O apanhado de Cairu na "Introdução" ao primeiro tomo de sua obra remonta às histórias escritas em Portugal que pudessem conter informações históricas sobre o Brasil, começando com as do reinado de d. João III (1502-1557). Chega a seu século, assinalando que o "Posto do Historiador do Brasil se acha preocupado pelo Escritor Britânico *Roberto Southey*" (Lisboa, 1826:11). Entre as obras elencadas por Cairu (apenas na "Introdução", pois, como aponta Araujo, as resenhas críticas se espalham ao longo da obra) estão relatos de viagem sobre o Brasil e outras produções. Nesse processo, fontes se tornam historiografia e vice-versa.

Algo semelhante ocorrerá no IHGB, como Temístocles Cezar observa no discurso inaugural do primeiro secretário do Instituto, Januário da Cunha Barbosa, em 1839. Januário parte, como nota Cezar, não da *ausência* de uma historiografia sobre o Brasil, mas da necessidade de *"purificação"* (Cezar, 2004:14, grifo no original) da historiografia preexistente. Essa *purificação* viria da correção das inexatidões contidas nas obras existentes, sobretudo as de autores estrangeiros, não simplesmente em razão de algum sentimento xenófobo, "mas também como uma afirmação identitária: o *nós brasileiro*, quer dizer, o objeto histórico *os grandes homens* e o historiador *nacional* que escreve suas biografias, tem necessidade *deles* para existir" (Cezar, 2004:25, grifos no original).

Por isso, afirma Temístocles Cezar, em menção indireta a José Honório Rodrigues, "Não é sem razão que toda a pesquisa histórica parece começar com o IHGB" (Cezar, 2004:14). O "parece" é essencial na citação. O IHGB projeta uma imagem de marco inaugural, mas efetivamente apoia-se numa historiografia "preexistente". Seria, então, a autorreflexão sobre essa historiografia também uma "aparente" inovação do IHGB? A revisão da historiografia presente no discurso de Januário e nos "textos de fundação" (Guimarães, 2016) do Instituto pode ser considerada um início de história da historiografia no Brasil? Se sim, por que excluir o tipo de reflexão contida, por exemplo, nos escritos do visconde de Cairu?

Os "textos de fundação", na acepção de Manoel Luiz Salgado Guimarães, o são por implicarem uma tripla "fundação": da Nação, da "escrita da história do ponto de vista nacional" e da própria figura do historiador, figura que compartilha procedimentos com os demais letrados de seu tempo, mas vai também, gradualmente, desenhando essa nova especialidade entre as letras: a história como disciplina (Guimarães, 2016:395). Manoel Salgado parte da distinção "entre textos dos quais se valem os historiadores para escrever a história e aqueles outros textos produzidos em épocas diferentes daquela em que escreve o historiador e que poderiam ser considerados eles mesmos históricos segundo um regime vigente quando de sua produção" (Guimarães, 2016:398).

O segundo grupo de textos teria, na definição de Manoel Salgado, "um certo grau de consciência histórica" (Guimarães, 2016:398). Nesse sentido, um texto de história da historiografia pode ser compreendido como aquele que analisa a segunda categoria de escritos apresentada anteriormente por Manoel Salgado (como é o caso do próprio texto de Salgado). Isto é, um texto que *reconhece o(s) seu(s) objeto(s)* como "histórico", "segundo um regime vigente quando de sua produção". Nessa linha, o texto de história da historiografia contém uma aproximação entre o autor e seu objeto (ambos são "históricos"), e uma percepção de alteridade (o objeto de análise provém de outro regime de produção, possui outro conjunto de elementos que o validam como texto "histórico" naquele contexto). A configuração dessa relação pode demandar um esquema de organização da temporalidade da disciplina: a ideia de "evolução", por exemplo, que permite dar sentido à linha que segue do objeto de estudo ao autor da história da historiografia, como no caso da *História da literatura brasileira*, de Sílvio Romero (Turin, 2009:13). Entretanto, seria o surgimento de um conceito temporal semelhante condição indispensável para a organização de uma história da historiografia?

O problema passa por uma indagação teórica maior sobre o que entendemos por história da historiografia. Podemos tentar elaborar o debate nos seguintes termos: pensamos, especificamente, em um desenvolvimento da história como disciplina que, em dado momento, manifesta a necessidade de "incorporar" e "refletir" sobre o legado de gerações anteriores em sua prática no presente. Não como um levantamento do que já foi feito, do que pode ser aproveitado ou não na produção existente, das imperfeições a corrigir ou das lacunas a preencher. Essa "revisão", essa leitura e, em alguns caso, reescrita, pressupõem a historiografia como fonte, como bibliografia, e identificam-se inclusive as fontes da fonte, as bases usadas pelos historiadores de outras épocas. Esse procedimento tinha ainda o propósito de mostrar as habilitações do autor, seu conhecimento da literatura existente, como a creditá-lo à tarefa de uma nova história. Pensamos, nesse caso, na historiografia como passado-presente da disciplina, mas também como unidade de prática, como processo dentro do qual está inserido o historiador que elabora essa história da historiografia. Nessa segunda leitura, não se veem apenas os méritos e defeitos das obras. Analisa-se o autor, inferem-se suas limitações (pessoais e do contexto no qual viveu), agrupam-se períodos e tipos de produção que contribuam para explicar/compreender as formas variadas pelas quais os homens pensaram e/ou experimentaram a temporalidade e/ou a história em uma dada historicidade (Araujo, 2013:34-44).

O traço e a diferança do "Necrológio" de Capistrano são a análise do "espírito" de Varnhagen, de sua personalidade, em confluência com sua época, além das qualidades e limitações de sua obra. Para esse tipo de análise ter lugar, havia necessidade de uma mudança na própria figura do autor, mudança que se acentua ao longo do século XIX (e tem, como consequência paralela, entre outras, um avanço na legislação dos direitos autorais).[16] A centralidade crescente da figura do autor fornece um caminho para analisar também a historiografia, que gerará uma reflexão "histórica", contextualizante, interna às obras. Por outro lado, pensar na história da historiografia a partir da articulação complexa entre textos e contextos (sem que um ou outro sejam meros reflexos) pressupõe, também, pensar o momento no qual

---

[16] Ver Araujo (2015a); Bignotto (2007); Medeiros (2011).

a história como disciplina intensifica a incorporação e a recuperação crítica de sua historicidade, bem como no movimento de ampliação de objetos, isto é, um olhar teoricamente orientado não apenas para textos de historiadores, análise de autores e obras, ampliando, assim, a análise para diversos fenômenos (culturais, sociais e políticos, por exemplo) a partir de um olhar "histórico" sobre as múltiplas formas de experimentar e agir na temporalidade (e não apenas sobre o tempo "histórico").

Por conseguinte, e por uma questão de recorte neste livro, mais do que um apanhado extensivo de autores e obras, faremos uma introdução à história da historiografia no Brasil a partir da análise de algumas cenas relevantes da viagem que procuramos empreender, nas quais os historiadores se voltaram à história de sua disciplina entre as décadas de 1870 e 1970. As relações entre textos e contextos são atravessadas, em nossa análise, pela história do conceito moderno de história no Brasil, cuja experiência possibilita diversas releituras da história da disciplina e da experiência do tempo moderna.

A produção de um cânone e questões para uma autonomia relativa e negociada para a história da historiografia

Valendo-se de um critério em que a historiografia, entendida como história da escrita da história e não apenas como escrita da história, aparecesse "autonomamente", para justificar a seleção de "textos fundadores", José Honório Rodrigues propôs um elenco dos textos e autores pioneiros na reflexão sobre a história da historiografia: Capistrano de Abreu, Alcides Bezerra, Sérgio Buarque de Holanda e Astrogildo Rodrigues de Mello (Rodrigues, 1979:XV-XVI).

Entre os quatro, o autor que utiliza a categoria *historiografia brasileira* de forma central em seu artigo é Astrogildo Rodrigues de Mello. Capistrano emprega "estudos históricos", que também aparece em Sérgio Buarque e é o título do próprio artigo de Astrogildo. Alcides Bezerra, por sua vez, usa a expressão "ciência histórica", e insiste mais de uma vez no tratamento da história como ciência. Por um lado, todos os quatro textos de algum modo praticam, no limite, o que hoje chamamos de resenha e/ou análise do "estado da arte" ou "balanço historiográfico". Os quatro autores citados por José Honório Rodrigues — cuja "intenção" é produzir antecessores e fundadores de um cânone que termina na própria obra de Rodrigues — não se limitam a produzir um rol de autores e obras. Avaliam e hierarquizam a produção que discutem. Disso sobressai, em cada um dos casos, como que um ideal do que seria a "historiografia brasileira" propriamente dita, uma reunião de atributos indispensáveis e defeitos a serem evitados. "Historiografia brasileira" ganha esse sentido, desse modo, por meio da *interpretação* de textos produzidos sobre esse objeto chamado Brasil.

A definição do "conteúdo" da categoria varia conforme os autores e as especificidades do contexto de produção de cada texto. Para Capistrano de Abreu (1931), os "estudos históricos" remontam aos primeiros autores de obras com algum conteúdo historiográfico, desde a Colônia, incluindo autores estrangeiros. Para Alcides Bezerra (1927), a periodização está dada *a priori*, pelas demandas da conferência encomendada a ele: apenas o século XIX. Para Bezerra, porém, é impossível falar de história do Brasil, ou ciência brasileira, autonomamente, descolada da existência da história, e/ou da ciência, da civilização da qual o Brasil faz parte, a civilização europeia. Por isso, inclui os autores estrangeiros que tenham escrito histórias do Brasil. Sérgio Buarque de Holanda (1951), à maneira de Alcides Bezerra restringido previamente pelas demandas do texto, conforme veremos, limita-se à primeira metade do século XX, excluindo, na prática, os autores estrangeiros (embora Sérgio dê grande destaque, no final do texto, aos professores estrangeiros que vieram lecionar nas universidades brasileiras), já enxergando certa autonomia no campo dos estudos históricos no Brasil — autonomia que, cabe dizer, não surge apenas com as universidades. Astrogildo Rodrigues de Mello (1951) considera, como Capistrano, historiografia brasileira todas as obras com algum viés historiográfico, mas que tenham sido escritas no Brasil, considerando a unidade política existente no período colonial já como Brasil (também como faz Capistrano).

Seguindo a sugestão de José Honório Rodrigues em seu último livro, é possível captar demandas distintas, mas relacionadas, a respeito da escrita da história do Brasil. De modo que os quatro estão inseridos em um contexto de transformações por que passou a historiografia brasileira e a própria categoria de historiografia, do momento do final do Império (anos 1870) até o início da "rotinização" da produção universitária (anos 1950 em diante).[17] São textos que procuram atuar sobre o futuro da historiografia: procuram indicar um programa de pesquisa e normas do que deveria ser feito a seguir. O período entre as décadas de 1870 e 1970, em que se espalham os textos que analisamos, situa-se entre duas institucionalizações da escrita da história: entre a história pensada e produzida pelo IHGB e pela universidade, para tomarmos aquelas que parecem ser as instituições mais marcantes de cada momento.[18]

---

[17] Aqui, pensamos na "rotinização" da produção universitária como a disseminação de novas formas de conhecimento, como dissertações, teses, além de práticas tais quais as defesas de teses. Ver, entre outros, Candido (2006:220).
[18] Embora, em ambos os momentos, a produção historiográfica não tenha sido exclusividade dessas duas instituições. Para a década de 1870, é justo acrescentar a Biblioteca Nacional e o Colégio Pedro II e os institutos históricos

Os textos que analisaremos, ao longo do livro, partindo do cânone estabelecido por José Honório Rodrigues, são os que procuram, a seus modos, contextualizar e avaliar a produção historiográfica, sendo ao mesmo tempo discursos autolegitimadores dos "estudos históricos", da disciplina universitária e, sobretudo, dos próprios autores. O fato de perceberem o saber histórico como autônomo, portador de singularidades, faz com que interpretem e leiam a produção sobre o passado nacional com os olhos da *disciplina* histórica, pensando em termos de método, teoria e produção de um conhecimento sobre o passado.

O intercâmbio recorrente entre os termos "estudos históricos", "historiografia" e "história" (e até "teoria"), para designar, *grosso modo*, escrita da história e/ou história da historiografia, permanece no Brasil ainda hoje. Mas, podemos sugerir que, no desenrolar dos estudos sobre história da historiografia, houve um abandono progressivo da expressão "estudos históricos", em favor de "história" ou "historiografia" (Araujo, 2006:79-94). Para além do que talvez seja uma exigência irreal de coerência, atentamos para as "imprecisões", que não obstante formam a história de uma *subdisciplina* (*i.e.*, a história da historiografia) em processo de autonomização e crescente institucionalização, desde os anos 1950 e, sobretudo, dos anos 1970. Assim, a história da historiografia ganha condições de autonomia relativa, se constituindo em um saber com procedimentos e problemas característicos (Guimarães, L., 2011:21). A historiografia brasileira, em especial, após o fim do Estado Novo aprofunda-se numa direção

---

regionais. E, entre os anos 1950 e 1970, também o Museu Paulista, o Museu Histórico Nacional do Rio de Janeiro, o IHGB, os institutos regionais e a Biblioteca Nacional, entre outras. Fazemos aqui apenas uma breve referência, mas já há uma gama de estudos, em história da historiografia, sobre essas instituições e as produções ligadas, de vários modos, a elas.

autocrítica e reflexiva em um arco que perpassa, por exemplo, diversos textos.[19]

Um destaque deve ser dado às obras monográficas, teses em particular, que surgem a partir da década de 1970, após a Reforma Universitária de 1968 (que sistematizou as pós-graduações e impôs prazos mais curtos para elaboração das teses e dissertações).[20] Se podemos achar um denominador comum entre uma profusão de trabalhos dos anos 1970, ele seria justamente a "autonomia" dada à história da historiografia, em especial, por terem a própria historiografia como fonte principal de análise de trabalhos históricos. Não se trata mais de compreender a escrita da história como um meio para atingir outros fins tais como a autocrítica e legitimação da subdisciplina. Trata-se de compreender a escrita da história como parte da história social, política e cultural, como fonte histórica, tal como define Maria Odila Dias na introdução de seu trabalho: "o objetivo deste trabalho é analisar a obra de Robert Southey sobre o Brasil, integrando-se na época e no meio em que foi escrita" (Dias, 1974:1).

Enquanto o trabalho monográfico se desenvolvia ajudando a conferir autonomia relativa à história da historiografia, os trabalhos de balanço historiográfico também aumentavam com os estudos de José Roberto do Amaral Lapa, *A história em questão. Historiografia brasileira contemporânea*, de 1976, e *História e historiografia*, de 1985, entre outros (como Nilo Odália, Francis-

---

[19] Como os textos de Holanda (1951); Campos (1961); Canabrava (1972), além dos textos de José Honório Rodrigues, já mencionados aqui. Ver, em especial, Guimarães, L. (2011:22-23).
[20] Tais como *João Francisco Lisboa: contribuição para o estudo da historiografia brasileira*, de Maria de Lourdes Monaco Janotti, defendida em 1971; *O fardo do homem branco: Southey, historiador do Brasil*, de Maria Odila Leite da Silva Dias, defendida em 1972; e *O fazer e o saber na obra de José Honório Rodrigues: um modelo de análise historiográfica*, de Raquel Glezer, defendida em 1977.

co Iglésias e Carlos Fico). Desde então, muitos esforços devem ser contados para a consolidação da subdisciplina, sejam individuais, nos trabalhos de autores como Manoel Salgado Guimarães, Estevão Rezende Martins, Lúcia Paschoal Guimarães, entre tantos outros, bem como de instituições como o Seminário Nacional de História da Historiografia, cuja primeira edição ocorreu em 2007, a revista *História da Historiografia*, fundada em 2008, e a Sociedade Brasileira de Teoria e História da Historiografia.

Ao nos concentrarmos em textos em que os historiadores comentam seu fazer, nos afastamos de uma história das mudanças e permanências das técnicas e procedimentos. Afinal, o que os historiadores dizem sobre seu fazer não pode necessariamente equivaler ao que eles escrevem. Na verdade, este trabalho se aproximaria mais, então, de uma história de como os historiadores pensaram sobre a história no Brasil entre, *grosso modo*, 1870 e 1970. Em vários momentos de uma história da historiografia com ênfase no pensamento histórico no Brasil. Mas, parafraseando a solução dada por Antonio Candido quando se interrogou sobre questão análoga na escrita da sua história da literatura brasileira, *Formação da literatura brasileira* (1971 [1959]), este horizonte inclui também a história do "desejo" dos historiadores em ter um "campo"/"área"/"comunidade" de estudos históricos organizado e, em certa medida, profissional no Brasil. E, é claro, que a história desse "desejo" é, também, uma história recheada de dúvidas, reticências, temores, traumas, dramas, idas e vindas, derrotas e vitórias, dos contrapelos, dos projetos ou possibilidades perdidas e, também, em alguns casos, recuperadas ou ressignificadas.

De qualquer forma, uma disciplina e mesmo uma subdisciplina jamais são inteiramente reduzidas a um saber ou ciência, pois elas são indissociáveis de uma dinâmica de transmissão e reprodução. Assim pensamos na disciplina como uma construção de identidades sociais, profissionais e epistemológicas reunindo diferentes saberes em um saber especializado reconhecido e transmitido pelas instituições (em especial, universitárias) na sociedade. O termo ou o conceito de disciplina — e seu correlato que não resolve muitos problemas, subdisciplina — "só aparece tardiamente para designar um princípio de especialização da pesquisa que se deseja *lógico*, por meio de sua referência a uma teoria unificada de inteligibilidade, e *funcional*, por meio dos seus princípios de organização da diversidade de conhecimentos" (Boutier, Passeron e Revel, 2006:7, grifo no original; tradução nossa). Assim, a noção de disciplina, bem como de subdisciplina, se torna um critério central de institucionalização e profissionalização de uma região do saber, na medida em que ela designa um corpo de saber articulado a um objeto, um método e um programa, constituindo-se como uma referência no interior das universidades, da ciência e também na sociedade, a partir de um objetivo pedagógico.[21] Uma disciplina jamais é inteiramente reduzida a um saber ou ciência, pois ela é indissociável de um sistema de ensino. A esse respeito, Jean-Louis Fabiani afirma que uma disciplina pode ser definida como um corpo de conhecimento inscrito em textos, exemplos paradigmáticos e formas de instrumentação, que fazem objeto de uma transmissão pedagógica e também um programa de investigação. Na medida em que ela pode ser entendida a partir da estabilização

---

[21] Fabiani afirma que noção de disciplina "*comprend toutes les dimensions d'un rapport pédagogique mais désigne primitivement la relation vue à partir de l'élève, du discipulus, c'est-à-dire sous l'aspect de la réception des messages. La discipline ainsi entendue met l'élève au centre du système et organise le savoir à partir d'un objectif pédagogique. Plus qu'un sujet de connaissant, ce sont les formes du controle pédagogique qui occupent ici une position centrale*". Assim, modernamente assistimos à coexistência dessa comunicação pedagógica com a exigência de inovação de um território disciplinar (Fabiani, 2006:12).

de um objeto de conhecimento, do estabelecimento de limites e fronteiras e da constituição de um programa de investigação que recortará e estabelecerá relações entre dimensões do real.[22]

Acreditamos que nossas fontes são acontecimentos desse processo que é, também, um percurso de autorreconhecimento e/ou autoconhecimento, sem cair na tentação do autoelogio. Mas isso não significa, por outro lado, que entendamos essas trajetórias como homogêneas e lineares. Refletir sobre a história da historiografia envolve, também, pensar, em grande medida, normativamente ou não, sobre uma reflexão sobre as tensões entre limites e legitimidade de uma subdisciplina, sempre atravessada pelas contradições, paradoxos e aporias (em especial, de saber e poder) dos dispositivos disciplinares (Turin, 2013:86). Tais traços, ou enunciados, se apresentam nos textos e autores estudados neste livro, bem como a historicidade e a transgressão de determinadas normatividades.

---

[22] Fabiani (2006:19). Lenclud (2006:90) nos dá uma outra definição possível: *"qu'est-ce qu'une discipline? Une convention du genre, produite par une histoire qui n'était pás la seule possible, gérée par des instituitions académiques et, sourtout, soutenue par une communauté coalisée".*

CAPÍTULO 2

Figurações da historiografia na crise do Império e nos primeiros tempos republicanos

Uma das características mais importantes da historiografia brasileira é que os processos de disciplinarização e de profissionalização universitária não ocorreram de modo simultâneo. As atividades ligadas às designações de "professor" de história e de "historiador" demoraram muito para se unirem, fazendo parte da mesma dinâmica ainda hoje incompleta. Como lembra Marieta de Moraes Ferreira, no início do processo de profissionalização universitária, iniciado nos anos 1930, essas designações determinavam dois campos com fronteiras bastante distintas.[23] Isso é sinal de um processo lento de transformação do fazer histórico que se inicia nas últimas décadas do século XIX e das primeiras décadas do século XX, mas que só se torna claro na segunda metade deste século. Trata-se assim de um lon-

---

[23] A autora mostra que os primeiros cursos de história foram criados, em geral, com a finalidade de formar professores para atuar na educação básica e, em menor grau, na educação superior. A ênfase não era na atividade de pesquisa e sim no ensino. Nesse contexto, o historiador não estava necessariamente envolvido com a docência. Para ela, é a criação dos programas de pós-graduação, sobretudo, nos anos 1970 que altera esse quadro: "assim, cada vez mais, a denominação 'historiador', que, no passado, referia-se apenas aos que escreviam história, passa a abarcar aqueles que recebem uma titulação específica, seja para a docência, seja para a pesquisa". (Ferreira, 2013b:47). Ver, também, Ferreira (2013a).

go período de transição até que o campo de produção histórica no Brasil possa ser considerado autônomo ou profissional. Falar em transição implica, necessariamente, o contraste entre duas formas de produção de conhecimento histórico. Correndo risco de certo esquematismo, podemos dizer que um desses modelos foi desenvolvido no século XIX e tem a identidade nacional como forma organizadora do discurso histórico.[24] Os produtores desse conhecimento, muitos deles vinculados ao Instituto Histórico e Geográfico Brasileiro, eram membros da elite política imperial, sem um projeto de universitarização (Guimarães, L., 2006) (embora em alguns autores, como Varnhagen, houvesse a defesa da necessidade da criação de universidades), mas preocupados com o desenvolvimento de critérios e padrões disciplinares à luz do horizonte posto pelo conhecimento histórico europeu. O segundo modelo é o de uma história propriamente profissional, como a que se consolida a partir dos anos 1930 com a criação dos cursos universitários, mas que só alcança uma fase de estabilidade a partir da década de 1970.

Este capítulo tem como fio condutor a afirmação da história como disciplina especializada antes do surgimento da universidade, tendo como recorte alguns textos e historiadores representativos de finais do século XIX e início do século XX. Procuramos abarcar dois aspectos da historiografia que não se confundem: as práticas dos historiadores e os discursos de legitimação desse fazer, de modo que o discurso de afirmação disciplinar não reflete fielmente as mudanças das práticas historiográficas. De uma maneira geral, podemos dizer que uma retórica "científica" foi usada para diferenciar uma nova geração de historiadores das gerações anteriores, mas, ao mesmo tempo,

---

[24] Relação estudada no importante livro de Guimarães, L. (2011).

na dimensão prática, podemos identificar uma série de continuidades nesses fazeres. Esse aparato discursivo de legitimação nos mostra aspectos da trajetória da história como disciplina no Brasil antes da criação dos cursos universitários.

Preâmbulo: sobre uma história científica

A produção histórica de finais do século XIX e início do século XX vai procurando, pelo menos no discurso, se afastar das práticas históricas dos historiadores anteriores. Isso se deve a sérias mudanças na esfera pública catalisadas com a república (Iumatti e Vellozo, 2014), que por sua vez propiciaram novas exigências e parâmetros "científicos" na produção de conhecimento. As diferenças se colocam sobretudo em termos discursivos e geracionais: os historiadores formados no contexto de crise da Monarquia e nos primeiros anos republicanos procuravam se diferenciar das gerações anteriores, mostrando-se atualizados nas discussões científicas típicas da *Belle Époque*. As diferenças de fato, técnicas, vão se colocando em um tempo mais lento, mas geram efeitos importantes na experiência histórica.

Na passagem do século XIX para o século XX, autores como Felisbelo Freire, Alcides Bezerra e Capistrano de Abreu concordam que a história é um saber específico e cientificamente viável. Progressivamente, a erudição e os métodos aliados à pesquisa documental vão se associando ao diálogo com as ciências sociais como elementos legitimadores da história como campo científico. A caracterização de Sílvio Romero, autor (talvez ainda hoje mal compreendido) da chamada geração de 1870, por Alcides Bezerra define a questão: "Historiador, consultou as fontes e fez pesquisas pessoais, lembrou nomes esquecidos, aplicou à história o método etnográfico e sociológico, computando, a exemplo de Taine, as influências do meio, da raça e das correntes espirituais estrangeiras".[25]

No período de 1870-1900, convivem, segundo Francisco Iglésias, três formas de se representar o passado: "1) autores e obras na antiga orientação de crônica; 2) cultivo do eruditismo, cujo nome principal foi Varnhagen; 3) autores e obras com nível moderno, de pesquisa intensa, metodologia segura, temática original, elaboração superior" (Iglésias, 2000:94-95). Nesse último grupo podemos citar Sílvio Romero, Euclides da Cunha, Oliveira Lima, Tobias Barreto, Joaquim Caetano da Silva, Eduardo Prado, Manuel Bonfim, Joaquim Nabuco, entre outros como João Ribeiro, que em sua *História do Brasil* (publicada em 1900), imbuído de um conceito de história próximo de Capistrano, "aplica" o "plano metodológico" sugerido por Martius em 1838. Sobre João Ribeiro, Sérgio Buarque de Holanda, no texto que iremos referir várias vezes, "O pensamento histórico no Brasil nos últimos 50 anos", afirma que o livro significou importante contribuição metódica em função da estrutura e forma de exposição.

Assim, muitos intelectuais merecem destaque neste processo de transição, mas um espaço especial deve ser reservado ao historiador cearense radicado no Rio de Janeiro, Capistrano de Abreu (1853-1927). Professor do Colégio Dom Pedro II (então a principal instituição de ensino no Brasil) e membro do IHGB, Capistrano é conhecido pelo rigor documental e pela revisão de parâmetros da história nacional do Brasil, com aprofundamento nas condições de vida do povo e no processo de expansão das fronteiras brasileiras para oeste.[26] Sua visão da história do Brasil

---

[25] Bezerra (1927:18). Bezerra era o diretor do Arquivo Nacional quando dessa publicação.
[26] Temas desenvolvidos nas obras *Capítulos de história do Brasil*, de 1907, e *Caminhos antigos e o povoamento do Brasil*, de 1899.

deslocava o foco dos eventos políticos, militares e diplomáticos em benefício da formação de uma sociedade autóctone diferenciada da portuguesa, em especial, a partir do estudo da ocupação do território. Simultaneamente, Capistrano dava grande atenção à pesquisa e crítica documental como fundamentos de um saber histórico,[27] sendo inclusive responsável por rigorosas edições de textos históricos, voltadas para o estímulo de novas pesquisas.[28]

Para Capistrano, por exemplo, "historiografia" faz referência à reflexão sobre o passado narrado, termo que ele complementa com a noção reflexiva de "estudos históricos", tendo o Brasil como objeto; esse último, uma realidade espacial dada desde o descobrimento.[29] Em um dos textos em que o termo se manifesta de forma mais clara, a ser analisado em detalhe mais à frente, no necrológio que escreveu sobre um dos fundadores da historiografia brasileira no século XIX, Francisco Adolfo de Varnhagen, Capistrano lamentava que seu antecessor desconhecesse o corpo de "doutrinas criadoras", as quais, nos últimos anos, se denominavam "sociologia". "Sem esse facho luminoso, ele não podia ver o modo por que se elabora a vida social. Sem ele as relações que ligam os momentos sucessivos da vida de um povo não podiam desenhar-se em seu espírito de modo a esclarecer as

---

[27] Em uma de suas frases mais famosas, de 1920, Capistrano afirmou que a história do Brasil (isto é, o relato do processo histórico brasileiro) assemelhava-se a uma "casa edificada na areia", em razão da pouca segurança que havia nos conhecimentos até então acumulados. Ver Abreu (1977:161-162).

[28] Capistrano seria, para o historiador norte-americano, Robert Conrad (1965:162), o próprio Ranke brasileiro. A edição de documentos históricos por Capistrano de Abreu foi tema da dissertação de mestrado de Santos (2009).

[29] Abreu (1931). Publicado originalmente no *Jornal do Commercio*, 16 e 20 dez. 1878, e reproduzido em *Apenso à História geral do Brasil*, de Varnhagen, 4. ed., 1927. tomo 1, p. 502-508; *Ensaios e estudos: crítica e história*. 1ª série. Rio de Janeiro: Livraria Briguiet, 1931; *Ensaios e estudos: crítica e história*, 1ª série. 2. ed. Rio de Janeiro: Civilização Brasileira; Brasília: INL, 1975. Utilizamos a edição de 1931.

diferentes feições e fatores reciprocamente" (Abreu, 1931:139). Para Capistrano, seria necessária, assim, uma teoria, no caso a sociológica, para *interpretar* o passado em sua singularidade, manifestada por meio dos fatos, ou, talvez, *revelar* sua "evolução" orgânica e necessária.

Capistrano propõe uma agenda para os autores de estudos históricos de seu tempo, que mescla elementos da crítica literária (nacionalismo e empatia, por exemplo) com a defesa do uso da sociologia de seu tempo — que implica uma noção de cientificidade marcada pela elaboração de leis e/ou generalizações de amplo alcance. Do ponto de vista de nosso problema central, interessa notar que sua avaliação de Varnhagen, aos 25 anos, o posicionou em relação aos autores de obras com algum viés historiográfico desde o século XVI, além de indicar a dívida que os historiadores contemporâneos teriam com o visconde de Porto Seguro. Capistrano, na realidade, projeta inclusive o lugar de Varnhagen no futuro como o responsável pela reunião dos elementos que servirão à elevação do edifício de uma história do Brasil científica, informada pela sociologia.[30]

O "Necrológio de Francisco Adolfo de Varnhagen" entre o passado e o futuro

O necrológio de Varnhagen escrito por Capistrano de Abreu supera uma análise exclusivamente centrada no visconde de Porto

---

[30] Entre esses elementos estavam importantes documentos descobertos e editados por Varnhagen ao longo de seus deslocamentos como membro do corpo diplomático imperial. Sua vida em constante movimento foi estudada por Cezar (2007:159-207). Muito da noção de erudição histórica de Varnhagen e de sua crítica textual vinha da tradição setecentista portuguesa, como pode ser visto em Silva (2006:114-138). Sobre a importância crescente da sociologia no final do século XIX no espaço europeu, ver, em especial, Lepenies (1996).

Seguro para fornecer uma visada sobre a historiografia oitocentista brasileira de modo geral. O texto pode ser considerado um dos documentos privilegiados para compreender a forma com que os historiadores de finais do século XIX olhavam para seus antecessores ao mesmo tempo que definiam o seu próprio fazer. Um dos fatores importantes para se ter em conta é que essa disputa de formas e modelos para se fazer história nunca deixou de representar, nas palavras de Manoel Luiz Salgado Guimarães, "uma interessante disputa em torno do passado desejado para a nação brasileira e das formas necessárias para uma adequada escrita da história nacional", de maneira que se trata de um debate em aberto, pois não havia um "modelo canônico para a escrita da história" (Guimarães, M. 2010:10 e 11, respectivamente).

No texto, salta aos olhos o destaque dado por Capistrano — semelhante ao dado por outros comentadores contemporâneos da historiografia brasileira como Sílvio Romero e José Veríssimo (em suas histórias da literatura brasileira, onde a historiografia era considerada um gênero da prosa) — a um conjunto de qualidades essenciais aos historiadores, notadamente, erudição, conhecimento das fontes e estilo na escrita. Esse conjunto faz com que surjam, ao lado de Varnhagen, os nomes de João Francisco Lisboa e Joaquim Caetano da Silva como grandes nomes da historiografia do século XIX. Entretanto, ambos não alcançam o visconde de Porto Seguro porque suas obras foram de escopo limitado: Lisboa escreveu principalmente história regional do Maranhão, e Caetano da Silva destacou-se por obra a respeito das questões de limites do Brasil com a Guiana Francesa. Varnhagen supera-lhes, assim, ao ter tentado uma síntese maior, uma história geral.

Porém, a própria síntese varnhageniana seria reconhecida como insuficiente. Expressa-se desse modo uma tensão característica do conceito moderno de história, que no Brasil pode ser percebida nas preocupações dos membros do IHGB desde sua fundação, e mesmo antes, em autores que se aventuraram na escrita da história no período joanino e no Primeiro Reinado. Essa tensão era a necessidade de se compor uma história geral do Brasil escrita por um brasileiro que pudesse ser contraponto às histórias do Brasil então existentes (escritas por estrangeiros e consideradas eivadas de erros e deturpações), dificultada, todavia, pela inexistência de estudos prévios sobre pontos específicos de nossa história, sem os quais a síntese não poderia ocorrer.

Capistrano expõe a visão que está presente também nas histórias da literatura brasileira de seus contemporâneos como Sílvio Romero e José Veríssimo, apontando Varnhagen, Joaquim Caetano da Silva e João Francisco Lisboa como os maiores historiadores brasileiros do século XIX. Caetano, por sua erudição, pela precisão e apuro de suas pesquisas. Lisboa, por somar a uma pesquisa, também percuciente, qualidades de escrita e estilo que mesmo Varnhagen não possuía.

Essas avaliações das contribuições particulares de cada autor à historiografia oitocentista revelam um pouco do que os autores do final do século XIX, início do XX, como Capistrano de Abreu, reconheciam como qualidades e insuficiências do historiador e das tarefas que a historiografia brasileira tinha pela frente. Um exame dos nomes que saem como referências do Oitocentos, como Varnhagen, Lisboa e Caetano da Silva, mostra algumas das tensões do pensamento historiográfico de então: entre elas, a tensão entre o objetivo final (a escrita de uma história geral do Brasil factualmente correta e filosoficamente orientada, isto é, que não fosse apenas um compêndio de fatos) e o trabalho preliminar indispensável a ele (a escrita de monografias e memórias que esclarecessem pontos ainda duvidosos da história, além da edição de documentos). Ficamos entre o elogio ao historiador que buscou a forma da história geral e o reconhecimento de sua impossibilidade. O próprio IHGB indica um caminho de construção coletiva da história nacional, sinalizando a dificuldade de se delegar essa empreitada a um único autor. Transparecem as qualidades que comporiam o historiador ideal: a erudição, o conhecimento em *primeira mão* das fontes, aliados a uma capacidade de fazer reviver, pela escrita, os eventos estudados, de ter empatia com o objeto. Compartilhando o conceito moderno de história, esses autores veem o passado como um campo do conhecimento, e refletem sobre o que é preciso para chegar a esse conhecimento. A historiografia no fim do Oitocentos é produto e produtora da experiência moderna de tempo: sua orientação é para o futuro, para um momento em que estariam reunidas as condições para a escrita da história geral.

"Das entranhas do passado o segredo angustioso do presente": Varnhagen segundo Capistrano

Tendo em vista os aspectos até aqui levantados, como o próprio Capistrano avaliou a historiografia varnhageniana? Para Capistrano, no "Necrológio de Francisco Adolfo de Varnhagen", publicado inicialmente em duas partes no *Jornal do Commercio*, Varnhagen era o "grande exemplo a seguir e a venerar" (Abreu, 1931:133); podia se gabar "de que um só fato não existia que não tivesse pessoalmente examinado, ao passo que os fatos materiais por ele descobertos, ou retificados, igualavam, se não excediam, aos que todos os seus predecessores tinham aduzido", como escreve na primeira parte, publicada no dia 16 de dezembro de 1878 (Abreu, 1931:130). Quatro dias depois, em 20 de dezembro, saía a segunda parte do estudo, a mais famosa e crítica. Nela, Capistrano caracteriza Varnhagen como um trabalhador possante, explorador incansável, trazendo nas mãos pérolas e corais, isto é, documentos importantes extraídos dos arquivos europeus, sendo fundamental seu trabalho de exposição factual. Entretanto, "Varnhagen não primava pelo espírito compreensivo e simpático, que, imbuindo o historiador dos sentimentos e situações que atravessa — o torna contemporâneo e confidente dos homens e acontecimentos. A falta de espírito plástico e simpático — eis o maior defeito do Visconde de Porto-Seguro" (Abreu, 1931:138).

Os méritos de Varnhagen, para Capistrano, enfatizados, sobretudo, na primeira parte do "Necrológio", provêm das suas pesquisas documentais, que revelaram textos fundamentais para a escrita da história do Brasil, por vezes mediante edições conscienciosas, isto é, aquelas que contêm, além do próprio texto, já de grande valor, um aparato crítico que aprofunda sua compreensão, como é o caso do *Roteiro* de Gabriel Soares de Sousa que Porto Seguro editou pelo IHGB em 1851. Mais do que um grande pesquisador de arquivos, foi Varnhagen um precursor de novos temas na historiografia, superando abordagens superficiais.

Superou, segundo Capistrano, uma forma de escrita que toca a superfície dos eventos e fixa-se nos grandes indivíduos para atingir aspectos mais abrangentes da vida social. Vemos que, pelos temas destacados por Capistrano, Varnhagen foi por ele definido como precursor para a própria história que o autor cearense viria a escrever. O estudo do território e da população, marcas da produção capistraneana, destacadas inclusive no texto de Sérgio Buarque de Holanda que iremos abordar posteriormente, é aqui remetido ao visconde de Porto Seguro.

Contudo, segundo Capistrano, faltavam ainda a Varnhagen aspectos decisivos que constituiriam o trabalho do historiador, do historiador "moderno", considerando-se as características que reúne Capistrano em sua análise, isto é, dimensões do olhar sociológico, da erudição histórica e da moderna experiência do tempo. Enfim, Porto Seguro não possuía a "objetividade necessária", e, mais do que isso, faltavam-lhe o atributo da compreensão e o domínio da sociologia contemporânea (ou seja, a sociologia oitocentista, de Comte e Spencer). A primeira lhe permitiria um relato mais "simpático" do processo histórico; não mais favorável, mas sim menos anacrônico. Parece-nos ser o senso de distância, a diferença histórica, traço do conceito moderno de história, uma das formas da nova relação com o tempo, que Capistrano evoca aqui. Por sua vez, a sociologia do século XIX, o "seculo de Comte e Herbert Spencer" (Abreu, 1931:140), permitiria a Varnhagen o efetivo salto para além da superfície da história: o salto para seu segredo íntimo. É também uma defesa da história feita com o aporte da teoria, despegada do puro empirismo. "Inspirado pela teoria da evolução, [que o historiador que a possuir] mostre a unidade que ata os três séculos que vivemos. Guiado pela lei do *consensus*, mostre-nos o *rationale* de nossa civilização, aponte-nos a interdependência orgânica dos fenômenos, e esclareça uns pelos outros";[31] pede Capistrano ao fim do "Necrológio", ao indicar como deve proceder o historiador que assumir o lugar de Varnhagen na tarefa de escrever uma história geral do Brasil.

Não se trata mais de aprender as lições do passado: de produzir, como escrita da história, uma coleção de exemplos, mas de estudar um passado diverso do presente, desconhecido, mas dotado de lógica, de uma racionalidade que, essa sim, desemboca no presente, revelando também sua estrutura íntima. Fernando Nicolazzi su-

---

[31] Abreu (1931:140). Apesar da diferença temporal, conceitual e de vocabulário, a passagem acima nos faz recordar a seguinte passagem de Koselleck (2006:139): "A forma mais adequada para se apreender o caráter processual da história moderna é o esclarecimento recíproco dos eventos pelas estruturas e vice-versa".

gere, a partir da crítica de Capistrano citada, certa passagem da história filosófica *à francesa* que os membros do IHGB defendiam, para algum tipo de "síntese sociológica", característica da recepção brasileira do cientificismo. Nessa passagem, por sua vez, ocorreria uma separação entre escrita e método, entre narrativa e erudição, que possibilitaria, para outros autores, a emergência de um gênero como o ensaio histórico (Nicolazzi, 2011). Capistrano, no entanto, esquiva-se da "síntese", ou ao menos a protela, até a conclusão de estudos particulares suficientes sobre diversos pontos ainda pouco conhecidos. De algum modo, o próprio "Necrológio" apresenta alguns pressupostos dessa escolha fugidia. Vale dizer ainda, retomando proposição de Valdei Araujo (2008), que é um dos traços do "cronótopo moderno" a percepção de que a geração anterior não foi moderna o suficiente, daí a busca de uma constante e necessária superação; postura que pode ser vista no Capistrano do "Necrológio" em relação a Varnhagen. Segundo Manoel Guimarães, sendo um "momento mesmo de passagem, esta historiografia [do IHGB] abriga aspectos de uma visão antiga e de uma visão moderna de se pensar a história". A história é percebida, ao mesmo tempo, como marcha linear e progressiva que articula futuro, presente e passado; e é essa concepção que possibilitaria a aprendizagem pragmática da experiência passada. Intelectuais como Varnhagen, "não se furtava[m] a prestar consultas e a elaborar pareceres para órgãos do Estado Imperial, na qualidade de historiador[es]". A história passou a legitimar uma série de "decisões de natureza política, mormente aquelas ligadas às questões de limites e fronteiras [como no exemplo de Joaquim Caetano da Silva que vimos anteriormente], vale dizer, aquelas ligadas à identidade e singularidade física da Nação em construção".[32]

---

[32] Guimarães (1988:15). Para uma análise deste "momento de passagem" posterior ao clássico texto de Manoel Salgado Guimarães ver, sobretudo, Araujo e Pimenta (2009:119-140).

A nosso ver, o "Necrológio de Francisco Adolfo de Varnhagen" é fundamental, pois sistematiza uma série de experiências do tempo nas quais se percebe que a história é, em grande medida, reconstrução, no presente, da experiência única e múltipla no tempo, a partir da pesquisa empírica. Essas considerações, sobre a importância da pesquisa documental e do contato com as fontes primárias, os conhecimentos teóricos necessários ao historiador, a postura do historiador diante de fatos e personagens do passado, entre outros pontos, remetem, essencialmente, na nossa leitura, às práticas que permitem tal recriação. Capistrano lamentava que Varnhagen desconhecesse o corpo de "doutrinas criadoras", as quais, nos últimos anos, se denominavam sociologia. Para Capistrano, era preciso escrever a história do Brasil "digna do século de Comte e Herbert Spencer" a fim de arrancar "das entranhas do passado o segredo angustioso do presente", e libertar-nos do "empirismo crasso em que tripudiamos" (Abreu, 1931:140). Não mais se extraem do passado lições para o presente, mas sim seu "segredo angustioso". Para Capistrano, seria necessária, assim, uma teoria para *interpretar* o passado em sua singularidade, manifestada por meio dos fatos, ou, talvez, *revelar* sua "evolução" orgânica e necessária.

Capistrano compreendeu o cerne da tensão epistemológica que constitui a complexidade do conhecimento histórico, nos termos de Koselleck (2006:161), ser capaz de "fazer afirmações verdadeiras e, apesar disso, admitir e considerar a relatividade delas". Para o mesmo autor, "aquilo que faz da história, história não poderá jamais ser deduzido a partir das fontes. Para que estas finalmente falem, faz-se necessária uma teoria da história possível". Há, assim, uma "tensão entre a construção do pensamento teórico sobre história e a crítica das fontes. Uma é completamente inútil sem a outra" (Koselleck, 2006:188). Pensamento teórico e crítica de fontes são duas dimensões complementares, em constante tensão. Capistrano percebeu a referida ambiguidade; porém, acreditava que a interpretação (informada pela teoria) é dissociada da crítica das fontes.[33] Trata-se, na verdade, de um processo dinâmico, como sugere Koselleck.[34] Além disso, a dimensão da teoria para Capistrano não tem uma função relativista, como tem, por exemplo, para Koselleck; aparece, no "Necrológio", com o sentido de revelar as leis da história. No entanto, o importante é destacar que Capistrano compreende, ao enfatizar a importância da relação entre teoria e empiria,[35] dimensões da complexidade do conceito moderno de história e, sobretudo, do fazer histórico.[36]

---

[33] Araújo (1988). Em especial, p. 34: "Como se vê, o estabelecimento dos fatos parece representar para Capistrano uma etapa completamente distinta da interpretação, esta sim, orientada por leis e regras derivadas da sociologia". Benzaquen refere-se à tese sobre o Descobrimento do Brasil, escrita cinco anos após o "Necrológio", que valeu a Capistrano a entrada no Colégio Pedro II.

[34] A questão da teoria e da empiria em Capistrano é marcada pelo debate acerca da relação entre cientificismo e historismo em sua obra. Arno Wehling (1976:43-91) defende que, após 1880, Capistrano passa a se afastar do cientificismo, marcando sua produção menos pela teoria sociológica oitocentista e mais pela pesquisa empírica. José Honório Rodrigues, por sua vez, aponta evolução semelhante, marcando a entrada na Biblioteca Nacional, em 1879, como ponto inaugural do predomínio da empiria no trabalho de Capistrano e a tendência para o pensamento historista alemão (Abreu, 1977: v. I, p. XL-XLII). O texto que analisamos, portanto, pertenceria ainda à fase "cientificista" de Capistrano. Cremos que, embora existam diferenças visíveis entre os primeiros textos publicados de Capistrano, nos anos 1870, e a produção, principalmente historiográfica, das décadas seguintes, a demarcação dessas "fases" necessita explicar a permanência de determinadas ideias e concepções em seu pensamento, mesmo após maior contato com as fontes. Acreditamos que tanto o termo "cientificismo" como o termo "historismo" apresentam problema semelhante: agrupam diversas tendências e autores, e, num olhar menos minucioso, podem sugerir univocidade.

[35] Sobre a relação entre pesquisa empírica e escrita em Capistrano de Abreu, ver Oliveira (2006). Da mesma autora, ver também Oliveira (2009:86-99).

[36] José Honório Rodrigues indica ainda como texto pioneiro um conjunto de artigos nos quais Capistrano de Abreu volta a tratar de Varnhagen, publicados na *Gazeta de Notícias*, Rio de Janeiro, 21, 22 e 23 nov. 1882. Neles, o autor cearense, que ainda não havia completado 30 anos, traz novas perspectivas

Cronista, historiógrafo, historiador: modulações semânticas e usos discursivos do conceito de historiografia

Para iniciar uma avaliação sobre as continuidades e descontinuidades dos termos a que se referem os historiadores ao definir o seu próprio fazer, ainda não abandonaremos a figura-chave de Capistrano nem o texto importante do necrólogio a Varhagen. Nele, Capistrano vislumbra a possibilidade da realização de uma história do Brasil com otimismo, otimismo que contrasta com outros textos posteriores do autor. Suas expectativas naquele momento recaíam sobre as pesquisas particulares que viriam viabilizar a escrita de uma nova *história geral* do alcance da história escrita pelo visconde de Porto Seguro, com os avanços de concepção e conhecimento ocorridos desde a publicação daquela obra. Capistrano, assim, nos mostra Varnhagen em relação ao passado, o presente e o futuro dos "estudos históricos" no Brasil, de modo que, apesar de não utilizado explicitamente, podemos falar em um uso do campo semântico definido no ter-

sobre o autor da *História geral* e a escrita da história do Brasil, mas repetindo em linhas gerais a lógica do "Necrólogio": uma análise crítica de Varnhagen que o excede, transformando-se num juízo sobre a historiografia brasileira baseado em considerações sobre como a história do Brasil deveria ser escrita. Considerando em essência os três artigos, o primeiro pode ser lido como uma apreciação da grandeza da obra de Varnhagen, ao lado do muito que ainda havia para ser feito pela historiografia brasileira; o segundo contém um esboço, por Capistrano, de como se deve entender a história do Brasil, em especial, as particularidades de cada época, de modo a encontrar sua lógica interna, e os estudos particulares ainda necessários para iluminá-la; o terceiro artigo é, no geral, o mais historiográfico, contendo uma crítica a Varnhagen como historiador e uma avaliação dos principais autores de estudos históricos do Brasil até então, além de um retrato (otimista) da situação atual (isto é, de 1882). A categoria que Capistrano de Abreu usa nesses artigos é "estudos históricos", ou "história do Brasil" (no sentido de conhecimento sobre o processo histórico brasileiro), sem menção a "historiografia".

mo "historiografia". A categoria "estudos históricos" abarca, portanto, uma unidade que vem desde as crônicas e escritos das primeiras décadas da colonização portuguesa no século XVI, como as de Pero de Magalhães Gandavo (de 1576) e Gabriel Soares de Souza (de 1587). Capistrano já definira, como vimos, o arcabouço teórico da obra: a sociologia oitocentista. Esperava então os resultados de várias pesquisas particulares. Conforme o autor,

> Sinais de renascimento nos estudos históricos já se podem perceber. Publicações periódicas vulgarizam velhos escritos curiosos, ou memórias interessantes esclarecem pontos obscuros. Muitas Províncias compõem as respectivas histórias. Períodos particulares, como a Revolução de 1817, a Conjuração Mineira, a Independência, o Primeiro Reinado, a Regência, são tratados em interessantes monografias. Por toda parte pululam materiais e operários; não tardará talvez o arquiteto [Abreu, 1931:140].

Não bastaram pretensões "científicas" para a configuração de um discurso legitimador do que seria uma "historiografia brasileira". Também foi necessário repensar o próprio fazer histórico no século XIX, buscando os antecedentes e os ancestrais dessa historiografia. Um contemporâneo de Capistrano de Abreu como Alcides Bezerra pensa justamente nos *founding fathers* de uma ciência histórica brasileira, em conferência sobre os historiadores do Brasil no século XIX proferida em 1926. Porquanto a ciência e a história brasileira eram "subordinadas à ciência e à história da Europa" (Bezerra, 1927:3), Bezerra aponta inicialmente três estrangeiros: "Quem primeiro se ocupou da história do Brasil com *espírito científico* foi o ilustre poeta inglês Robert Southey" (Bezerra, 1927:4, grifo nosso), autor de uma "História do Brasil" publicada em 1819. Em seguida se deveriam levar em consideração as contribuições dos alemães Karl von Martius e de Heinrich Handelmann. Segundo Bezerra, "Coube a Handelmann realizar o plano de Martius", do que resultou a "melhor história do Brasil que se conhece".[37]

Tratando da produção dos historiadores brasileiros, Alcides Bezerra enxerga um corte na produção histórica oitocentista, localizado na primeira metade do século XIX, quando teria se tornado mais clara no mundo luso-brasileiro a distinção entre o cronista e o historiador.[38] *Grosso modo*, em Bezerra, como em Capistrano anteriormente, os historiadores são vistos sob critérios comuns aos da crítica literária oitocentista, de maneira que suas análises da historiografia poderiam estar descoladas de uma história da literatura, mas não completamente dos critérios de que se valiam aquelas histórias.[39]

---

[37] Bezerra (1927:9). O plano de Martius a que se refere Bezerra é a dissertação "Como se deve escrever a história do Brasil" (1844), vencedora de concurso do Instituto Histórico e Geográfico Brasileiro (IHGB) com o mesmo tema.

[38] Na análise dos historiadores brasileiros da primeira metade do século XIX, Bezerra apontará a falta de espírito científico nos autores que seriam apenas compiladores, começando sua análise pelo que denomina "cronistas", autores como José da Silva Lisboa (visconde de Cairu), Baltazar Lisboa, José Feliciano Fernandes Pinheiro (visconde de S. Leopoldo), Inácio Accioli de Cerqueira e Silva. A principal crítica aos cronistas é à falta de "arquitetura" em suas obras, à má disposição dos materiais pesquisados (a única exceção seria a *História da província de S. Pedro*, na realidade, *Anais da província de S. Pedro*, do visconde de S. Leopoldo). Para Bezerra, os "cronistas" brasileiros, se não foram meros compiladores de outros historiadores, copiaram muito das fontes, transcrevendo documentos profusamente em suas obras, no que prestaram "até bom serviço" (ao facilitar o acesso a fontes e estabelecer alguns fatos), mas não fizeram história. Por isso, "deixemos em paz os cronistas, que morreram talvez na ilusão de que tinham feito história. Venhamos aos historiadores" (Bezerra, 1927:10).

[39] Um exemplo é quando Bezerra trata de Euclides da Cunha, e sua atenção recai sobre a convergência de estilo, cuidado factual e filosofia a dar forma à exposição. *Os Sertões* revela um "estilo vibrante e novo, que marca para o estudo da transformação da língua portuguesa em língua brasileira" (Bezerra, 1927:17).

O Google Ngram Viewer não disponibiliza, como dissemos, dados para a língua portuguesa, mas podemos observar a história da inclusão do termo "historiografia" nos dicionários do idioma. Na primeira edição do principal deles (até o século XX), o dicionário de Moraes Silva, de 1789, não há um verbete "Historiografia", embora haja "Historiógrafo", significando "Cronista, Cronógrafo". "Historiographia" somente aparecerá na oitava edição, de 1891. Lê-se: "Historiografia [...] A arte de escrever a história". Capistrano de Abreu utiliza o termo, pouco antes, em edição de 1888 da *História do Brasil* de frei Vicente do Salvador (original de 1627). Capistrano afirma, na introdução, que a data de 20 de dezembro de 1627, quando frei Vicente assina sua *História*, é "tão importante em nossa historiografia" — embora seja caso talvez único em seus escritos. Pouco antes, em edição da mesma obra de 1887, Capistrano havia escrito que o mesmo dia era "um dos maiores de nossa literatura colonial". Um uso "precoce" pode ser visto no texto de Martius, "Como se deve escrever a história do Brasil", publicado em 1844, na revista do Instituto Histórico e Geográfico Brasileiro (IHGB). Tal uso talvez indique que a categoria no espaço alemão se consolida muito antes do que no espaço brasileiro (ou lusófono), fato que pode indicar, como procuraremos mostrar, que a consolidação da categoria está relacionada com o processo de disciplinarização da história. São três passagens onde o termo é utilizado; a mais importante para os nossos argumentos afirma:

> As obras até o presente publicadas sobre as províncias, em separado, são de preço inestimável. Elas abundam em fatos importantes, esclarecem até com minuciosidade muitos acontecimentos; contudo não satisfazem ainda as exigências da *verdadeira historiografia*, porque se ressentem demais de certo espírito de crônicas.[40]

---

[40] Martius (1844:399, grifo nosso). Esse texto está reproduzido na coletânea de Burns (1967), que também inclui o texto de Sérgio Buarque de Holanda que analisaremos a seguir.

Por outro lado, o fato de "historiographia" ter sido escolhida para traduzir seu equivalente alemão pode ser revelador de seus usos naquele momento no Brasil.

No dicionário de Morais Silva, "historiografia" parece ter permanecido como "A arte de escrever história" até o século XX; na décima edição, de 1945, aparece como "Arte, trabalho do historiógrafo", introduzindo a variedade de ser também um ofício, além de uma arte. Destarte, o estabelecimento de "historiografia" é fenômeno, em língua portuguesa, essencialmente do período compreendido entre o "Necrológio" de Varnhagen escrito por Capistrano (1878) e "O pensamento histórico no Brasil nos últimos cinquenta anos", de Sérgio Buarque de Holanda (1951). Se "historiógrafo" era termo que constava desde a primeira edição do dicionário, a partir da sexta edição, pelo menos, isto é, desde meados do século XIX, a obra passa a conter, dentro desse verbete, uma explicação da diferença entre "historiógrafo" e "historiador", termos que são dados como sinônimos. A explicação visa principalmente apontar que o "historiógrafo" é mais próximo do "cronista" que do "historiador".

A afirmação da história como ciência não foi, evidentemente, o único caminho adotado pelos intelectuais brasileiros. A questão foi respondida negativamente por Pedro Lessa, por exemplo, em seu texto "É a historia uma ciência? Introdução à *História da civilização* de Buckle" (1900) e no seu discurso de recepção no IHGB, em 1907. Para Lessa, a história poderia apenas fornecer os materiais para a sociologia, esta sim uma ciência.[41]

---

[41] Ainda que o longo e erudito texto de Lessa não seja, por uma questão de espaço, nosso objeto neste livro, vale a pena destacar algumas passagens emblemáticas: "não se observavam [a historiografia da antiguidade], porque só ainda não conheciam, os cânones da heurística, da diplomática e da crítica de interpretação, sem os quais ninguém hoje se aventura à árdua tarefa da historiografia" (p. 80-81); "Augusto Comte naufragou como seus antecessores, e de toda a sua vasta obra colossal nos resta unicamente (no que toca à filosofia da história)

Para Alcides Bezerra, a questão que define o estatuto científico não é a formulação de leis para a história (como era para Capistrano, em 1878), ou de generalizações de amplo alcance. A produção de conhecimento seguro, capaz inclusive de prevalecer em decisões políticas e diplomáticas, parece garantir a Bezerra o que entende por cientificidade. O autor pensa nos casos de disputas de fronteiras que o Brasil pôde ganhar por meio de arbitragem internacional se valendo de provas que vinham da pesquisa histórica sobre a ocupação de territórios e tratados diplomáticos antigos.

Lessa, por outro lado, utiliza "historiografia" no sentido de escrita da história. Max Fleiuss (secretário perpétuo do IHGB no início do século XX) também usa a categoria. Em especial, na resenha da obra *Historia de la historiografía argentina* (1925), de Rómulo Carbia. Um ponto relevante para as questões que viemos analisando é a exposição de Fleiuss da crítica que faz Carbia aos historiadores argentinos influenciados pela sociologia. Sua censura recai essencialmente sobre a edificação de interpretações do passado argentino sem base documental, ou com um

---

a indicação do método" (p. 101), "nada mais vago, mais indefinível, do que a ideia que se faz geralmente acerca do progresso. No sentido comum, o progresso é uma expressão subjetiva, que designa as modificações que satisfazem as nosssas preferências. [...]. O termo é tão vago como a palavra *civilização*" (p. 122 e 123, grifo no original); "O que a história nos mostra são progressos parciais e intermitentes, com períodos estacionários, e recuos para o passado. [...]. A história é um contínuo *devir*, um *fieri* perpétuo: e, pois, pela sua própria natureza, escapa à determinação de um princípio diretor" (p. 141-142); "a função da história consiste em coligir e classificar metodicamente os fatos, para ministrar os materiais que servem de base às induções da ciência social fundamental e das ciências sociais especiais" (p. 153); "a filosofia da história foi substituída pela sociologia" (p. 155); e "o método descritivo, aplicado pelo historiador, é um excelente instrumento para a aquisição de verdades gerais da sociologia e seus ramos especiais" (p. 166). In: Nicolazzi (2015). É digno de nota que um dos trabalhos mais citados no texto é o livro, de 1897, *Introduction aux études historiques* de Charles Seignobos e Charles-Victor Langlois.

aproveitamento pouco crítico dos documentos. Fleiuss transcreve as seguintes palavras de Carbia, resumindo seu argumento: "Já era tempo de reagir contra tal processo de Historiografia superficial e efêmera, que, escudando-se em aquilo que a muitos aprouve chamar — *interpretação sociológica*, se permitiu toda a casta de leviandades à mercê de aplausos". Segundo Fleiuss, a concepção de história de Carbia, derivada principalmente de Benedetto Croce, compreende que história é "a revivescência intelectual do passado no espírito do historiador", ou "ressurreição", conforme Michelet (Fleiuss, 1925), o que pressupõe, na visão do autor argentino, rigor no uso dos documentos para esse trabalho de reconstituição histórica. Se em Carbia encontramos essa crítica, para Max Fleiuss a sociologia não seria vista *in toto* como uma influência negativa, bem como o conceito de social. Nessa mesma edição da *Revista* do IHGB, há uma resenha bastante positiva de Fleiuss da obra *Pequenos estudos de psicologia social*, de Oliveira Vianna.

Vale notar que o livro de Rómulo Carbia sai no mesmo ano (1925) em que o vocábulo *historiografía* passa a fazer parte do dicionário da língua espanhola da Real Academia Espanhola, então em sua 15ª edição. Outros dicionários de espanhol já incluíam a palavra, pelo menos desde o dicionário de Dominguez, de 1853. O léxico da RAE, inclusive, adota a definição mais simples de *historiografía*: "*Arte de escribir la historia*". O de Dominguez, por sua vez, acrescentava a este sentido o de "*que enseña los diferentes métodos de escribirla* [a história]". O dicionário de Gaspar y Roig, de 1855, mescla as duas noções: "*arte que enseña los diferentes métodos de escribir la historia*". A definição é mais ou menos a mesma nos dicionários que antecedem a 15ª edição do da RAE, com exceção do de Alemany y Bolufer, de 1917, que acrescenta a esta definição a de "*Bibliografía histórica*". Portanto, quando Rómulo Carbia escreve e publica seu livro, vale-se de um conceito de historiografia que, nos dicionários de língua espanhola, a define como uma *arte*, a da escrita da história, conjugada com o ensino dos diferentes métodos de escrevê-la, este último aspecto ausente nos dicionários de língua portuguesa do mesmo período.

Concorrendo para a hipótese da associação entre a difusão do conceito de *historiografia* e a institucionalização e profissionalização da história como disciplina nas universidades está o próprio caso do argentino d. Rómulo Carbia. Carbia fazia parte da chamada Nueva Escuela Histórica argentina, dominante nas primeiras décadas do século XX, e ligada ao (bem como corresponsável pelo) processo de profissionalização dos historiadores em nível universitário naquele país nesse período, razoavelmente adiantado em relação ao restante da América Latina (em especial seus vizinhos sul-americanos) já na década de 1920 (Maiguashca, 2011:483). A nova escola argentina capitaneou essa profissionalização defendendo uma historiografia mais científica, baseada em manuais como o de Ernst Bernheim, seguindo princípios do historismo alemão, além de autores como Benedetto Croce. Concomitantemente, o grupo voltou-se para esforços reflexivos, pensando a própria escrita da história, como fez Carbia, valendo-se do conceito de historiografia para definir essa escrita.

Capistrano de Abreu, documento histórico, evolução e síntese

O papel da crítica documental na concepção de uma história mais "professional" aparece no pensamento de Capistrano de Abreu conjugado a outras características que o autor considerava importantes à prática do historiador. Uma determinada visão teórica, muito informada, de início, pela sociologia oitocentista (que, no decorrer de seus estudos, vai dando lugar ao historismo alemão) e por leituras historiográficas variadas (inclusive do contexto latino-americano), e erudita (isto é, que se baseasse no conhecimento preciso da documentação) está entre esses pontos. Uma nova hierarquia de valores para os estudos históricos, destacando temas antes negligenciados (em boa medida tributária da formação teórica), também. Igualmente presente está uma lembrança constante de Capistrano de certa relação do historiador com as fontes; deveria conhecê-las, dominá-las e, mais do que isso, concorrer para sua divulgação entre seus colegas ou público mais amplo de interessados, em especial, naquele momento da historiografia brasileira, em princípios do século XX. A Capistrano interessava fazer da história do Brasil um corpo de conhecimentos sólidos, do ponto de vista factual, e voltado à investigação de questões que tinha por cruciais, para o que eram necessárias a publicação de fontes e uma leitura adequada delas. Faltava à nossa historiografia, em sua visão, uma extensa compilação dessas fontes, deficiência que vai, de algum modo, recebendo atenção no início do século XX. Pensamos em sua própria produção, já que, pouco antes, em 1918, havia sido responsável por nova edição da *História do Brasil*, de frei Vicente do Salvador, realizada pela editora Weizsflog, de São Paulo, e já concorria para edições de outros textos históricos, que sairiam como "Série Eduardo Prado", em homenagem a seu amigo, e financiados pelo sobrinho deste, Paulo. Mas também nas iniciativas capitaneadas por Washington Luís, em São Paulo, nos anos 1910, que redundaram na publicação dos *Inventários e testamentos*, no *Registro geral* e nas *Atas da Câmara de São Paulo*.

Particularmente em história (pois foi também etnógrafo, geógrafo, tradutor etc.), Capistrano identificou lacunas e imperfeições que tornavam pertinente e justificada grande parte do trabalho que ele mesmo fazia ou viria a fazer. Capistrano tinha severas críticas a obras de história que mostrassem desconhecimento ou mau uso (leitura apressada) de fontes históricas, e redundassem, assim, em conclusões alinhavadas precipitadamente ou inexatidões factuais. Por conseguinte, a visão que acreditamos que Capistrano construiu da atividade do historiador ao longo de sua vida compreende, entre outros pontos, um esforço contínuo de pesquisa arquivística, que produza a divulgação de documentos importantes, pouco conhecidos ou de difícil acesso, de modo a concorrer para outros estudos; e a realização de uma produção original que inclui uma narrativa orientada pela exatidão factual que só o conhecimento e a leitura adequada das fontes documentais poderiam proporcionar. Podemos enxergar, no aspecto particular da relação de Capistrano com as fontes, indícios de uma concepção moderna, científica e profissional de história se considerarmos que esta envolve, além de um *status* ocupacional (que varia de acordo com o contexto, isto é, com o país em questão), um *ethos* caracterizado por um "ideal de objetividade" (Novik, 2008). Essa objetividade viria precisamente da crítica de documentos (Iggers, 2002:226-227). Assim, poderíamos ver em Capistrano o *ethos* do historiador profissional, malgrado as especificidades de seu grau de profissionalização no Brasil, na virada do século XIX para o XX.

Capistrano não perderia de vista, ao longo da vida, a necessidade dos estudos de divulgação de documentos e de monografias para a escrita futura de uma nova síntese da história do Brasil.[42] Sérgio Buarque de Holanda, em "O pensamento histórico

---

[42] O que assinala Guillermo Zermeño Padilla para o período pós-independência na América Latina continuaria, então, válido para o período posterior; segundo o autor "*En la medida en que el futuro no se manifieste, la experiencia moderna de la historia irá tomando el perfil de una permanente transición. La inestabilidad se compensará con la escritura de historias generales de la nación*". Porém, para Capistrano, essa história deverá ser escrita no futuro e não mais no presente (Zermeño Padilla, 2008).

no Brasil nos últimos 50 anos" (2008 [1951]), mostra, além de um otimismo também, ao final, relacionado com a contribuição das universidades e, principalmente, professores estrangeiros lecionando no país,[43] uma constante relação entre sínteses e monografias. No seu caso, as sínteses têm ainda uma forma peculiar, característica dos anos 1930: são, principalmente, ensaios interpretativos (de que ele próprio fora expoente, embora tenha omitido do artigo o seu *Raízes do Brasil*), forma que o próprio Sérgio Buarque remete, entretanto, à geração de Capistrano, como vimos anteriormente. Ao tratar de Oliveira Vianna e da obra *As populações meridionais do Brasil*, Holanda afirma sê-la exemplar do gênero já empreendido por Euclides da Cunha.

Assim, surge uma questão: a atenção ao particular pressupõe regularidade ou singularidade dos fenômenos históricos? Segundo François Hartog,

> na moderna concepção de história, a exemplaridade cede lugar ao unívoco. Algum dia, no futuro, alguém estabelecerá uma lei. Ou, para empregar outra formulação típica de fins do século XIX, algum dia no futuro virá o dia glorioso da "synthèse", mas por enquanto "c'est l'ordinaire ingrat de l'analyse"! [Hartog, 2003b:13].

A síntese é resguardada para o futuro, para depois que todos os casos particulares, irredutíveis a qualquer padronização ou descrição por tendências que dispensem seus estudos individuais, tenham sido conhecidos. O momento é de análise (literalmente, de separação em partes) para depois se elaborar a síntese.

A síntese composta a partir de intenso levantamento documental e após variados estudos monográficos é parte da concep-

---

[43] "[O] gérmen de um desenvolvimento novo e promissor dos estudos históricos no Brasil" (Holanda, 2008:615).

ção historiográfica oitocentista. A história é, então, concebida como edifício construído sobre materiais (vimos Capistrano usar essa metáfora para a documentação); é uma grande criação coletiva que vai sendo completada com os trabalhos particulares. De algum modo, a prática historiadora, no século XIX, é constituída pela ideia da acumulação de informação por meio da crítica documental. No século XIX, isso passou a ocorrer "numa escala tão avassaladora que tendia a cobrir uma 'história total'. As histórias parciais são vistas como etapas necessárias para a articulação de um enredo mais generalizante, ou, na fórmula de Koselleck, um singular coletivo". A possibilidade de reunir as histórias particulares era vista como natural, e as monografias, como uma etapa necessária nesse percurso. "Ligar num todo coerente uma sequência de acontecimentos é uma das funções da estrutura narrativa da historiografia moderna" (Pereira, 2002:37). Como sintetizou Manoel Guimarães: "A História — coletivo singular — entendida segundo a nova compreensão formulada pela Ilustração viria a se tornar a condição de possibilidade das histórias particulares".[44]

A história não chega a ser conhecimento meramente cumulativo, havendo espaço para crítica e para reescrita. Assim, a noção de "reescrita da história" é pertinente "como modo de legitimação do projeto historiográfico de Capistrano":

> Embora se considere evidente que em razão de seu caráter investigativo a história seja continuamente "corrigida", a condição com-

---

[44] Guimarães, M. (2006:69). O autor afirma ainda: "uma disciplina que tenha por objeto submeter o passado a procedimentos de conhecimento, à investigação empírica, para extrair dele conhecimento, supõe primeiramente que o passado tenha se transformado em História [...] a história na sua forma disciplinar deve ser considerada como apenas uma das inúmeras formas de elaboração significativa do tempo decorrido, como parte de algo mais amplo que chamaria de 'cultura histórica como parte de uma cultura da lembrança'" (p. 70).

pulsória para a sua reescritura parece se estabelecer com o advento da concepção moderna de um tempo especificamente "histórico" [...]. É a partir desta perspectiva, que o próprio saber histórico, em sua acepção científica moderna, assume um caráter tanto cumulativo quanto provisório, na medida em que, ao pressupor acréscimos, revisões e retificações, apresenta-se como processo infindável de acumulação/superação de "verdades" parciais e relativas [Oliveira, 2006:65].

A esse respeito, para a primeira geração do acontecimento *Independência*, o levantamento de fatos é um procedimento suficiente, ao passo que, para a segunda geração, ele é regulador:

> nos anos iniciais do IHGB foi possível notar a tensão entre as demandas por um levantamento exaustivo dos fatos, herdeiras de uma concepção de história ligada à crônica e à cronologia, e uma compreensão hermenêutica e narrativa que, mesmo dependente do estabelecimento factual, exigia uma abordagem seletiva e hierárquica dos eventos [Araujo, 2008:187].

Essa busca de sentido era casada com a tentativa de monumentalização do presente finito. O "Necrológio de Francisco Adolfo de Varnhagen" mostra-nos claramente que a referida tensão atravessou a historiografia do final do Oitocentos e do início do Novecentos. Não sem razão, Araujo aponta que o conceito de evolução só se torna dicionarizado em 1877-78: "é apenas pelo conceito histórico de evolução que os vestígios de um tempo cíclico poderão ser substituídos por uma compreensão acumulativa e linear da história das civilizações".[45]

---

[45] Araujo (2008:184). Ver, também, Guimarães, M. (2009:267-292). Deve-se considerar, porém, que a apropriação crítica do conceito de evolução no Brasil (e, por exemplo, na Argentina), no final do século XIX, início do século XX,

Para o momento que se abre nas décadas seguintes (anos 1940 e 1950), Capistrano de Abreu já será parte da "memória disciplinar" da historiografia. Sua análise de Varnhagen transformou o lugar deste último nessa mesma memória, contribuindo para uma narrativa da história da historiografia com alguns marcos já definidos (ou propostos). O conceito de *estudos históricos* é a forma, no final do século XIX, início do XX, de reunir, entre outras coisas, a memória disciplinar sob uma mesma chave. A geração das universidades, conquanto mantenha esse conceito, num primeiro momento, passará a adotar cada vez mais o conceito de *historiografia* para tratar dessa cultura histórica específica. O uso e implicações desse conceito serão o objeto de nossos próximos capítulos.

---

trouxe várias modalidades de experiência do tempo, que não se resumem a uma experiência única de progresso. Ver, a respeito, Franco Neto (2015), com destaque para análise realizada a partir de Fausto Cardoso. Em texto de 1895, "A ciência da história", o autor apresenta algumas reticências sobre a referencialidade/verossimilhança e a cientificidade da história.

CAPÍTULO 3

A emergência do discurso sobre a universidade (1930-1950)

Ainda que a palavra "historiografia" nunca deixe de se referir ao coletivo singular história, ela acaba por ganhar uma autonomia própria entre finais do século XIX e a primeira metade do século XX. Neste livro, procuramos mostrar que o termo pode ser utilizado como um índice na mutação da experiência de escrita da história, e que as práticas e os discursos historiográficos que hoje identificamos como profissionais são resultantes dessas mutações. Escolher pensar em termos de uma "historiografia" e não de uma "história" implicava justamente o reconhecimento desse conjunto de mediações complexas entre passado e presente, que deveria se erigir como pressuposto para um conhecimento histórico viável no século XX. Assim, na primeira metade do século XX, pelo menos na linguagem dos historiadores que se entendiam como profissionais (ou que assim desejavam), certas características da tradição histórica do século XIX deveriam ser profundamente revistas, tais como o nacionalismo, que acabava por condicionar a formação da nação como *telos* da escrita da história, bem como uma visão monolítica do objetivismo metodológico.

No limite, este capítulo trata da cristalização de um *topos*: a ideia de que o conhecimento universitário representaria uma mudança sem precedentes na produção de conhecimento no Brasil. Do mais conservador ao mais libertário, todos os historiadores remotamente ligados às universidades acabam por defender essa ideia em seus textos. Há aí uma reapropriação da tradição, já que historiadores do passado como Varnhagen e Capistrano de Abreu (o segundo mais do que o primeiro) tornam-se percursores da historiografia supostamente técnica e especializada produzida na universidade. Não se pode deixar de considerar que a emergência desse lugar-comum nos textos dos historiadores mede um "lugar de fala". Tentamos mostrar essa correspondência entre dizer e fazer por meio de uma trajetória: a de Sérgio Buarque de Holanda. Destacamos que, a partir da década de 1930, com as modificações institucionais nas condições de produção do conhecimento, essa missão de ruptura com formas do fazer intelectual típicas do século XIX passa a ser diretamente associada à expectativa da universidade e da profissionalização das atividades de escritor em um contexto rico de disputa de diversos projetos historiográficos (Iumatti e Vellozo, 2014:16-18).

Os sentidos da "profissão" nas letras: do modernismo ao pós-Segunda Guerra

A confluência entre o projeto estético e o projeto ideológico do modernismo, especificamente do grupo que promoveu a Semana de Arte Moderna, em 1922, foi pautada pelo compromisso com a desconstrução de cânones entendidos como tradicionais (Lafetá, 2000:31-32). Esses cânones, por sua vez, eram representados no Brasil por formas de fazer e de encarar o trabalho intelectual profundamente arraigadas no patrimonialismo brasileiro. Nesse entendimento, a missão modernista era romper com laços arcaicos e aristocráticos que marcavam a nossa tradição intelectual: intelectuais polígrafos, presos à cultura bacharelesca, encaravam seu fazer como a simples ratificação de um privilégio de classe. O caráter político desse sentido de missão modernista foi sendo construído depois da "Semana de 22", em especial nas décadas de 1930, muito em função da projeção pública de poetas como Drummond, Bandeira e Cabral; do romance regionalista de José Lins do Rego, Rachel de Queiroz e Jorge Amado; e do ensaísmo de Gilberto Freyre, Caio Prado Jr. e de Sérgio Buarque de Holanda.

Sérgio Buarque de Holanda foi, por sinal, o principal responsável por essa associação intelectual do iconoclastismo modernista com a missão de modernizar nossas letras e atividades intelectuais. Nessa medida, *Raízes do Brasil*, de 1936, é, por exemplo, um produto do amadurecimento dos debates travados na década de 1920 (e desde o crepúsculo do Império): a questão da modernização das letras é um dos aspectos do anseio geral de modernização da sociedade brasileira; modernização que deveria se dar por meio da reflexão sobre os aspectos mais daninhos da sociedade que bloqueiam esse processo, os quais deveriam ser extirpados. Mas a questão fundamental é como nossa herança colonial opera historicamente como um resto, como uma permanência que marcou e produziu nossa elite imperial (Monteiro, 1996:191).

No Brasil, a crença da superioridade das belas letras se acomoda em uma tradição de padrão familiar, como o emprego da palavra patriciado sugere, e é referida igualmente a outras atividades intelectuais "que não sujam as mãos e degradam o espírito". Além disso, a atividade intelectual produzida dentro dessa tradição possui feições diletantes, já que se baseia na excepcionalidade e na genialidade de seus poucos propagadores, a crítica, a história, as letras, a política, podendo ser professada pelos mesmos indivíduos e utilizando-se dos mesmos critérios. O intelectual, nesse contexto, tende a um perfil polígrafo, politicamente engajado e comprometido com o Estado,[46] ao mesmo tempo que trata a matéria intelectual como parte de seus interesses particulares e de seu círculo de amizades.

Entre a primeira edição de *Raízes*, publicada em 1936, e a segunda edição, publicada em 1948, essa questão demonstra uma transformação. Na primeira versão do texto, o autor demonstra-se mais preocupado em identificar um traço geral do comportamento do brasileiro que explica a dificuldade de enraizamento do liberalismo nessas terras. O excesso de personalismo impedia que nos aplicássemos "de corpo e alma a um objeto exterior a nós mesmos", o que acabava gerando uma resistência "a atividades morosas e monótonas, desde a criação estética até às artes servis, em que o sujeito se submeta deliberadamente a um mundo distinto dele: a personalidade individual dificilmente suporta ser comandada por um sistema exigente e disciplinador" (Holanda, 1936:113; 1995:155). Assim os que "se presumem intelectuais" se alimentavam "de doutrinas dos mais variados matizes" mesmo que completamente díspares, bastando que "tais doutrinas e convicções se possam impor à imaginação por roupagem vistosa: palavras bonitas ou argumentos sedutores" (Holanda, 1936:113; 1995:155). Na segunda edição, isto é, após o fim do Estado Novo (1937-1945), esse mesmo impasse na formação aparece mais diretamente ligado à necessidade do desenvolvimento de profissões especializadas.

Essas mudanças não são casuais: meses depois de terminar a revisão da segunda edição de *Raízes do Brasil* (que ocorreu em 1947), Sérgio Buarque publicou o artigo "Missão e profissão", que marcava sua volta à crítica literária depois de um interregno

---

[46] Para um esboço do perfil do intelectual polígrafo e sua relação com o estado, ver Miceli (2001:53-61) e Sá (2003:63-64).

(mais ou menos entre 1941 e 1948). Nele, Sérgio Buarque retoma o mesmo tema, mas propõe que sua crítica semanal fosse uma espécie de "monitor" de uma mudança no sentido da profissionalização do escritor. A causa da profissionalização do escritor ajuda, portanto, a ressignificar o legado do modernismo de "22", atribuindo-lhe um sentido claro de "missão". Nas décadas de 1920 e 1930, esses sentidos estavam mais atrelados à simples negação da tradição romântica das belas-letras; na década de 1940, o sentido passa a ser mais afirmativo, no sentido da aproximação à produção de conhecimento nas universidades. O caso de Sérgio Buarque é exemplar porque ele une as duas pontas do processo, militante modernista na década de 1920, reformulador do problema na década de 1930, e, na década de 1940, ele mesmo passa pelas transformações analisadas ao se tornar um crítico literário e um historiador de ofício.

Não se pode continuar a falar de Sérgio Buarque de Holanda sem lembrar que seu papel central se deve ao fato de ter repercutido, à sua maneira, transformações já presentes no pensamento de Mário de Andrade. Em 1941, no artigo inaugural do Grupo Clima, Mário de Andrade já havia reforçado de modo claro a ideia de um combate "pela aquisição de consciência técnica no artista, ou simplesmente de uma consciência profissional".[47] Como se sabe, esse grupo foi constituído de jovens estudantes ligados à recém-criada Faculdade de Filosofia e Ciências da Universidade de São Paulo, que, a partir de finais dos anos 1930,

---

[47] Andrade (1974:189). Estamos diante de um dos capítulos fundamentais do processo de construção da memória "modernista". Daniel Faria e Marcelo Moreschi assinalaram a complexidade desse processo procurando demonstrar como os próprios intelectuais ligados à identidade "modernista" constroem sua história em disputas pela formação de um cânone literário que se consolida na década de 1960, "sobretudo devido a Antonio Candido", e ganha uma "expressão editorial massiva" na década seguinte. Ver Faria (2006:7-8); e Moreschi (2010).

"lançaram-se na cena cultural paulista por meio de uma modalidade específica de trabalho intelectual: a crítica aplicada a teatro, cinema, literatura e artes plásticas" (Pontes, 1998:13). Talvez seu principal membro, responsável pela literatura propriamente dita, fosse o jovem Antonio Candido. De fato, a identidade da revista *Clima* foi construída como continuadora da missão do modernismo, aprimorada por meio da "crítica analítica e atualização na formação acadêmica universitária, fortemente impregnada pela influência francesa" (Pontes, 1998:66). Apadrinhando o grupo de modo a reforçar essa linha de continuidade e divulgando os jovens para além dos muros da universidade, Mário de Andrade depositava uma séria esperança de mudança provocada pelo desenvolvimento de uma "verdadeira consciência técnica profissional" (Andrade, 1974:193).

Não custa mencionar o caso do Primeiro Congresso Brasileiro de Escritores (1945), organizado pela Associação Brasileira de Escritores, entidade que existia desde 1942. Do ponto de vista político, a intenção do movimento era articular uma resistência ao Estado Novo, coisa que, de fato, foi posta em prática ao final do Congresso, com a elaboração de uma "Declaração de princípios" contra o regime. Além da censura e das restrições à liberdade de pensamento nos meios de comunicação, especialmente o rádio e a imprensa escrita, o escritor brasileiro possuía pouquíssimas chances materiais de conseguir viver exclusivamente de sua profissão (Lima, 2010:11-12), de maneira que a atividade literária era relegada a uma atividade secundária.[48] Por isso, uma das reivindicações centrais, não só do Congresso, mas de toda

---

[48] Sérgio Miceli (2001:182-194) lembra que, justamente nos anos 1940, um seleto grupo de escritores passa a adquirir condições mínimas de viver exclusivamente de sua produção impulsionado pelo *boom* do mercado editorial nacional em um contexto de início da Segunda Guerra Mundial (Serrano, 2009). Observação também destacada por Lima (2010:33-34). Ver, também, Dutra (2009:125-141; 2008: v. 1, p. 149-171); e Franzini (2010).

a articulação de escritores que culminou com a organização da Sociedade Brasileira de Escritores, de 1941, e com a Associação Brasileira de Escritores, de 1942, foi a reivindicação de uma legislação sobre direitos autorais, bem como a regulamentação do pagamento pelas contribuições em jornais e revistas.

O principal articulador do Congresso foi Mário de Andrade, que, em carta a Rodrigo de Melo Franco, chegou a admitir que esse evento seria o "coroamento" de sua carreira, momento vivido com "prodigiosa intensidade" e "prodigiosa seriedade" (Andrade, 1981:186-187). Mário de Andrade morreria 15 dias depois de escrita essa carta e cerca de um mês depois de ter vivenciado "discretamente" o Congresso (Candido, 2008:92). Esse estágio de autonomia, na visão de Sérgio Buarque de Holanda, em meados da década de 1940, só poderia ser alcançado com o fortalecimento da universidade. Sua militância era relacionada com sua própria condição, a de crítico literário e historiador. Não havia condições possíveis para que ele mantivesse sua família apenas como historiador; na década anterior, entre 1936 e 1939, ele, em trajetória semelhante à de vários outros colegas de geração, havia se tornado professor assistente da Cátedra de História Moderna na efêmera Universidade do Distrito Federal. Com o fim da universidade, migrou para o Instituto Nacional do Livro (onde trabalhou com José Honório Rodrigues), e, em 1944, para a Biblioteca Nacional. Naquela altura, em 1946, mudava-se para São Paulo, para assumir a Direção do Museu Paulista. Assim como boa parte dos intelectuais da sua geração, o serviço público e a própria crítica literária foram as formas que encontrou para se manter (a despeito de ter militado em prol de uma crítica literária profissional e universitária). Apenas em finais de 1956, Sérgio Buarque assume interinamente a Cátedra de História da Civilização Brasileira na Universidade de São Paulo (a partir de 1958, como titular).

Necrológio de Capistrano? "O pensamento histórico no Brasil nos últimos 50 anos"

Justamente no contexto da crítica literária e na posição de "monitor" da especialização e da profissionalização que surge o artigo ora analisado, "O pensamento histórico no Brasil nos últimos 50 anos". Convém de início dizer que, para o autor, a tarefa de definir historiografia brasileira de certo modo é simplificada pelas circunstâncias do texto. Em razão do propósito do artigo, componente de um panorama da cultura brasileira na primeira metade do século XX que procurava fazer o jornal *Correio da Manhã*, Sérgio Buarque já tem excluídos de antemão a época colonial e o século XIX. O conjunto do artigo define como objeto, de fato, a ampla categoria dos estudos históricos: *toda a produção nas diferentes áreas da história, ou que se valem da história, ou que repercutem sobre esta*. Desse modo, encontraríamos o "pensamento histórico" nas referências teóricas, cotejadas, porém, com a obra do autor, com sua prática.

Se trabalhos de história, monográficos ou gerais, ou edições críticas de documentos, facilmente se encaixam no objeto do artigo (pois compõem o que se define por "história" desde as gerações anteriores), como a obra de autores como Oliveira Vianna e Gilberto Freyre se enquadra aqui? Parece haver uma variedade de interfaces com a produção historiográfica *stricto sensu* que justifica tal inclusão. Os "estudos sociológicos" fazem parte do pensamento histórico porque "abriram sendas para um tipo de pesquisa que nossos historiadores mal tinham praticado". Vinte e cinco anos depois da resenha de Fleiuss a respeito da *Historia de la historiografía argentina* vemos Sérgio Buarque de Holanda, em "O pensamento histórico no Brasil nos últimos 50 anos", manifestar também, como vimos fazer Rómulo Carbia, reticências quanto às interpretações sociológicas. Oliveira Vianna, em particular, "dedicou-se [também, em sua produção] a ensaios de história social e psicológica inspirados por fatos e personalidades do Império". Gilberto Freyre trabalhou "com base em amplo material histórico"; utilizou-se de um "conhecimento extenso do passado rural" que, conjugado aos aportes teóricos que incorporou (como os métodos de Franz Boas), "abriu-lhe perspectivas ideais para abordar nossa formação histórica" (Holanda, 2008:610).

Em geral, tais interpretações da história brasileira, ou da sociedade brasileira a partir de sua história, poderiam contribuir "para dar novo rumo aos estudos históricos", ainda que fossem "às vezes interessada [s] e mesmo deformadora [s] dos fatos". Estudos de "formação" que derivaram à tendência do "passado utilizável", para justificar posições políticas, como os de inspiração integralista (a corrente próxima do fascismo no espectro político brasileiro dos anos 1930), porém, "mal interessam, em sua generalidade, à pesquisa historiográfica" (Holanda, 2008:611). Historiografia, aqui, aparece associada à pesquisa, e em contraposição a práticas que dobram os fatos históricos para fazê-los caber em teorias políticas.

Do mesmo ano que o texto de Sérgio Buarque de Holanda (1951), o artigo de Astrogildo Rodrigues de Mello, professor do Departamento de História da Universidade de São Paulo, também considerado por José Honório Rodrigues um texto fundacional da história da historiografia, propõe um panorama crítico abrangente sobre "Os estudos históricos no Brasil". Exclui autores estrangeiros, mas inclui, na definição de Brasil, a época colonial. "Estudos históricos", "história" e "historiografia" aparecem como termos intercambiáveis.

O autor pretende pensar a escrita da história do (e no) Brasil dentro do processo histórico do desenvolvimento da cultura brasileira. Segundo o autor, "o problema historiográfico brasileiro oferece, na verdade, aspectos bem característicos, cuja interpretação encontra suas raízes em momentos bem definidos da civilização brasileira" (Mello, 1951:381). Embora Mello parta de amplas balizas, considera que podemos falar de fato em historiografia brasileira apenas após a Independência, em particular no Segundo Reinado, pois só então começaríamos a ter uma cultura brasileira, como resultado das lentas mudanças iniciadas com a vinda da Corte em 1808. Mas, "os meados do século XIX marcam *a fase embrionária da historiografia brasileira*" (Mello, 1951:384-385; grifo nosso). A crítica documental (o "estudo das fontes") aparece para Mello como um incipiente critério próprio da historiografia, a diferenciá-la como produção intelectual. O final do Segundo Império presencia um novo momento importante da historiografia. Vale dizer que Astrogildo Rodrigues de Mello complementa sua análise, ao longo de todo o artigo, com notas de rodapé repletas de indicações bibliográficas das obras que menciona. Astrogildo é o único, entre os quatro autores considerados pioneiros por José Honório Rodrigues (Capistrano, Bezerra, Astrogildo e Sérgio), a escrever em periódico acadêmico (a *Revista de História* da USP), o que talvez explique a abundância, extensão e rigor de suas notas.

Mello indica uma mudança fundamental na cultura brasileira em relação a seus momentos anteriores: o fim da "passividade" diante das teorias estrangeiras, e o início de uma produção cultural original. Também é parte de um novo cenário o aumento do número de instituições que permitem o fomento da cultura, em particular, dos estudos históricos. Entre elas, destacam-se as universidades, que já trazem consigo um novo espírito: "A predominância dum espírito 'universitário' de cultura histórica".[49]

---

[49] Mello (1951:386). O autor não menciona explicitamente, mas pode-se pensar que as instituições citadas também contribuem para a preservação de documentos e obras raras, antes muito dependentes de colecionadores parti-

Analisando os livros *Um estadista do Império*, publicado entre 1897 e 1899, de Joaquim Nabuco, e *Dom João VI no Brasil*, publicado em 1908, de Oliveira Lima, Sérgio Buarque de Holanda afirmou, em "O pensamento histórico no Brasil nos últimos 50 anos", que não faltou naquele último meio século obras históricas sobre o passado escritas a partir da atividade de um indivíduo. Podemos propor, talvez, leitura semelhante para o próprio artigo de Sérgio Buarque de Holanda, enquanto análise da historiografia brasileira a partir da obra seminal de um autor: Capistrano de Abreu.

Isso porque é a Capistrano que Sérgio Buarque remete o desenvolvimento da historiografia brasileira no meio século analisado, logo nos primeiros parágrafos do artigo. Cabe aqui, portanto, investigar as razões dessa consideração. Capistrano é apresentado por Sérgio Buarque, no início de seu texto, como o ponto inaugural de boa parte dos estudos que viriam a ser feitos naqueles 50 anos. O restante do artigo dedica-se à análise desses estudos, divididos mais por tema (como biografias, ou estudos regionais) que dispostos em ordem cronológica, acompanhados da crítica de Sérgio Buarque, que também visa assinalar as tendências gerais que marcaram a bibliografia nesse período. Observemos, pois, a leitura de Sérgio Buarque de Capistrano de Abreu e da historiografia brasileira no espaço de tempo delimitado por seu artigo.[50]

---

culares e sujeitos à dispersão após suas mortes, como mostrado por Bessone (1999).

[50] Este artigo também foi analisado por Lúcia M. P. Guimarães (2008). A autora observa, notadamente, a relação entre Sérgio Buarque de Holanda e Capistrano de Abreu a partir do artigo, em função de suas ligações com o historismo alemão e das conexões entre a produção de ambos os estudiosos. Trata-se de obras de Sérgio Buarque, como *Monções* ou *Caminhos e fronteiras* (essa última, composta de monografias, escritas por volta da época em que foi publicado o texto: "O pensamento histórico no Brasil durante os últimos 50 anos"), que não só recuperavam temáticas a que dedicou grande atenção Ca-

Sérgio Buarque destaca os estudos regionais produzidos no meio século que analisava, bem como estudos sobre temas específicos da história do Brasil, como os jesuítas, ou a Guerra do Paraguai. A ocupação da terra também não foi problema estranho aos trabalhos históricos desse período, e documentos foram publicados com rigoroso aparato crítico, ampliando o acesso às fontes. Conforme Sérgio Buarque de Holanda, Capistrano é ponto inaugural de muitos desses esforços (Holanda, 2008:607). Entretanto, "Independentemente desse estímulo, não faltaram, é certo, as tentativas muitas vezes laboriosas, mas fundadas num critério de apresentação sobretudo cumulativa dos fatos históricos", isto é, tentativas de se escrever uma história geral do Brasil (Holanda, 2008:608). Sérgio Buarque cita, nesse momento do texto, as obras de Rocha Pombo e João Ribeiro. O primeiro cabe especialmente na descrição dada anteriormente, da historiografia "cumulativa dos fatos históricos"; o segundo, porém, trouxe contribuição importante para os estudos históricos: sua *História do Brasil* para o ensino superior segue um plano, uma estrutura e um sistema de exposição, o que diferencia sua síntese das demais. A teoria, portanto, traria essa diferença. De qualquer modo, o contraste feito no artigo é entre os trabalhos específicos sobre questões relevantes de nossa história ("descobrimento e ocupação da terra, atividade dos jesuítas e conquista do sertão", por exemplo), pensadas a partir de uma visão teórica que lhes atribua valor (no caso de Ca-

---

pistrano (a ocupação e o povoamento do interior), como também ressaltavam sua forma de abordá-las (por meio da cultura material e da vida cotidiana), conforme bem observa Lúcia Guimarães. Também a tese de doutoramento de Rebeca Gontijo (2006) contém uma análise sobre a importância dada por Sérgio Buarque a Capistrano no artigo de 1951. A autora procura, principalmente, apontar a forma como Capistrano foi tomado como referencial pela historiografia do século XX, resultado inclusive da memória constituída desse historiador (processo iniciado ainda durante sua existência, e muito bem estudado na tese).

pistrano, profundamente informada pela geografia e por teorias sociológicas que lhe deram, nas palavras de Sérgio Buarque, "uma sensibilidade aguçada à importância de ação dos fatores cósmicos — da terra, do meio e do clima — sobre as instituições humanas") (Holanda, 2008:602), e as sínteses fundadas num critério de exposição cumulativa dos fatos históricos.

Estudos regionais e estudos focados em indivíduos foram também vistos por Sérgio Buarque. Ao chegar aos primeiros estudos sociológicos, reaparece a questão da síntese. O autor destacou *As populações meridionais do Brasil*, de Oliveira Vianna, como obra também de historiador. Vianna, segundo Sérgio, popularizou o gênero do ensaio interpretativo já empreendido com sucesso por Euclides da Cunha, em *Contrastes e confrontos* e em *À margem da história*. Esse tipo de ensaio recorre ao trabalho histórico. Um marco desse gênero é o trabalho de Gilberto Freyre, que, com seu *Casa-grande & senzala*, de 1933, deu "Novo e generoso impulso aos estudos interpretativos, com base em amplo material histórico" (Holanda, 2008:610).

"A bibliografia histórica do decênio de [19]30 é largamente ocupada por escritos onde a interpretação elucidativa, e às vezes interessada e mesmo deformadora dos fatos, visa a explicar tais fatos ou a caracterizá-los em sua configuração especificamente nacional", escreve Sérgio, ressaltando, porém, a importância desses trabalhos, surgidos em "uma época de crises e transformações", e o fato de que ajudaram a dar nova direção aos estudos históricos (Holanda, 2008:611). Cita como exemplo, abstendo-se de um estudo intensivo de todas as obras, o que fugiria aos propósitos de seu artigo, *Retrato do Brasil* de Paulo Prado, autor que pertenceria à "escola Capistrano" (ou seja, a marca de Capistrano estender-se-ia inclusive ao ensaísmo).[51] Sérgio Buarque atentou,

---

[51] Aspas no original.

por outro lado, para os estudos de inspiração totalitarista, numerosos também, segundo ele, nos anos 1930, mas que "mal interessam, em sua generalidade, à pesquisa historiográfica".

Para o autor, "Mais interessantes, por todos os aspectos, são sem dúvida as tendências de explicações de paisagens regionais" (Holanda, 2008:611). Ainda assim, voltamos a ter interpretações psicológicas e sociais gerais do Brasil, como em *O conceito de civilização brasileira* (1936), de Afonso Arinos de Melo Franco; *A cultura brasileira* (1943), de Fernando de Azevedo; e *Formação da sociedade brasileira* (1944), de Nelson Werneck Sodré. Aqui, afirmou Sérgio Buarque que,

> por menos que esses trabalhos devam inscrever-se na literatura historiográfica, tomada a palavra *stricto sensu*, é forçoso admitir-se que participam de uma tendência que se reflete vivamente em outras obras da mesma época, onde a interpretação pessoal, endereçada a um alvo determinado, cede passo ao puro esforço de elucidação.

Isto é, essas obras não podem ser agrupadas com aquelas em que as intenções do autor distorcem os fatos — a "interpretação pessoal" aqui não prevalece sobre a "elucidação" (Holanda, 2008: 612).

Entretanto, os ensaios interpretativos, de forma geral, na caracterização de Sérgio Buarque, têm em comum o fato de se distanciarem do que é propriamente a produção historiográfica (*stricto sensu*), mesmo que (ou quando) baseados nas fontes usadas pelos historiadores, ou valendo-se de reconstruções históricas.[52] Os trabalhos monográficos parecem estar mais

---

[52] Para Fernando Nicolazzi, a historiografia entre 1870-1940 "se encontrava diante de uma dupla demanda: de um lado, realizar a síntese interpretativa sobre a formação da nação brasileira, tarefa encampada sobretudo pela história

próximos do que efetivamente seria historiografia. Na categoria dos estudos regionais, porém, devemos lembrar que um estudo regional não é necessariamente um estudo monográfico, o que leva à consideração de que as noções de *geral* (lugar da síntese) e de *particular* (lugar da monografia) são relativas. A história de São Paulo, por exemplo, também é um estudo geral, abrangendo particulares como os bandeirantes, ou os capitães-gerais. Quando dissemos anteriormente que Sérgio Buarque apontou os estudos regionais como mais interessantes que os ensaios interpretativos, omitimos que ele citou, entre seus exemplos de estudos regionais, Cassiano Ricardo e seu *Marcha para o Oeste*, o qual caracterizou como análogo à pesquisa de Gilberto Freyre em *Nordeste*. Contudo, no trecho supracitado, Sérgio Buarque fez menção a uma "tendência" da época que discutia (os anos 1930 e 1940, imediatamente anteriores ao momento em que escreve), voltada para o "puro esforço de elucidação". Interpretações subjetivas estariam dando lugar a análises mais objetivas

---

literária tal como praticada por Sílvio Romero e, de outro, corrigir as falhas nos aspectos da erudição crítica da geração anterior, tarefa propriamente da história *stricto sensu*. Capistrano de Abreu é autor cuja noção de história permite reforçar este argumento". O gênero ensaístico de interpretação histórica está, assim, relacionado com "a demanda por uma espécie de *síntese histórico-sociológica* da nação, que vem suplantar, amparada pela assimilação de todo um instrumental teórico renovado (naturalismo, evolucionismo, positivismo, etc.), os princípios da 'história filosófica' que orientaram em grande parte a escrita da história no Brasil imperial; a consciência, motivada pela desilusão com a república instaurada no país e também pela realidade social brasileira, de uma crise na ordem do tempo que vai gerar todo um *topos* sobre o 'atraso nacional', como se o Brasil estivesse em desarmonia com o movimento histórico moderno. O ensaio histórico é uma resposta plausível para essa situação. A partir dos anos 1950, todavia, evidencia-se uma crítica contundente dirigida à tradição ensaística das décadas precedentes, motivada, sobremaneira, pela institucionalização das ciências sociais no Brasil. Exemplo claro disso é a postura de Florestan Fernandes ao longo da década, em seu esforço por estabelecer os parâmetros definidores da sociologia científica dentro da universidade" (Nicolazzi, s.d.). Ver, também, Nicolazzi (2011b; 2016:1-22).

e localizadas, sem os mesmos propósitos das primeiras, visando simplesmente o esclarecimento de pontos de nossa história. Logo, para esse caminho estariam apontando os estudos históricos no Brasil, naquele instante. Percebe-se que já não havia, em 1951, "espaço" para grandes ensaios e sínteses, apesar da importância que tais trabalhos tiveram em seu tempo.[53]

Quando passou aos recentes estudos de história econômica, comentando os trabalhos de Caio Prado Júnior e Roberto Simonsen, Sérgio Buarque apontou:

> É inevitável pensar-se, hoje, que a abordagem dessas questões só será realizável através de um trabalho prévio empreendido por diferentes especialistas que se dediquem, cada qual, a determinada época e a determinados problemas, não por meio de outras sínteses onde o particular tende a esfumar-se e a perder-se em proveito de alguma ilusória visão de conjunto [Holanda, 2008:614].

Para Sérgio Buarque de Holanda, assim como para Capistrano de Abreu quase 70 anos antes, a abordagem de determinadas questões históricas passa pela realização de diversas monografias, que atentem para a particularidade do que é estudado, colocando em questão a obra de síntese. Dessa maneira, o "trabalho prévio", anteriormente exigido para a história econômica, põe em suspensão a realização da síntese. Para Holanda, as pesquisas necessárias

---

[53] No prefácio à reedição de *Caminhos e fronteiras*, Fernando A. Novais destaca que essa obra, primeiramente publicada em 1957, "é vista como a passagem da 'sociologia' para a 'história', e do 'ensaísmo' para a 'pesquisa'". Apesar das aspas, Novais parece corroborar tal visão, pois, após sugerir uma leitura da obra sergiana que enfatize sua unidade, apontou que, no caso de *Caminhos e fronteiras*, "Trata-se agora de uma análise *vertical*, num segmento específico daquele imenso conjunto" (Novais, 1994b:7-8, grifo nosso). Vale dizer que esta obra reúne estudos de caráter monográfico escritos por Sérgio Buarque nos anos 1940 e 1950; portanto, contemporâneos do artigo que analisamos.

deveriam se dar por meio da "utilização dos métodos que se vêm desenvolvendo em países onde existe longa tradição de estudos históricos especializados" (Holanda, 2008:614). O domínio desses métodos viria da transmissão dos conhecimentos necessários por meio, principalmente, das universidades, reforçadas com a presença de professores estrangeiros. É preciso realçar que Sérgio Buarque de Holanda participou do projeto da Universidade do Distrito Federal, entre 1936 e 1939, sendo assistente do citado Henri Hauser, em história econômica contemporânea, e de Henri Tronchon, em literatura comparada.

Como já foi visto, Capistrano se apropria do conceito moderno de história em sua complexidade, dialogando com autores da tradição histórica e sociológica alemã, francesa e inglesa, sem que sua "modernidade" venha, por isso, de "influências estrangeiras". Pensamos que tanto Capistrano de Abreu como Sérgio Buarque de Holanda são de difícil enquadramento em tradições historiográficas nacionais (embora ambos os textos analisados revelem o profundo conhecimento de seus autores da historiografia nacional brasileira e, mesmo, nos autores que destacam, certas "filiações", se podemos falar assim); e também nos *ismos* historiográficos (positivismo, cientificismo, historismo, marxismo etc.) (Dias, 2002). A nosso ver, a riqueza dos dois textos trabalhados estaria justamente em perceber os limites de certo "realismo ingênuo" e em irem em direção a uma percepção mais complexa e mais rica, fruto da pesquisa e da (re)escrita da história: um realismo crítico? Ao que parece, sim. Capistrano e Sérgio Buarque não abandonaram uma concepção realista de história, ou sua pretensão à verdade. Mas ambos perceberam dimensões da complexidade dessa tarefa, na presença constante da reescrita, ou na perspectiva de que novos documentos e interpretações obriguem a uma revisão dos conhecimentos estabelecidos.

A releitura desses textos "fundacionais" a partir do nosso presente coloca-nos diante de dilemas ainda não resolvidos. Podem ser mesmo tensões constitutivas da escrita da história. Nesse sentido, os dois autores (Capistrano de Abreu e Sérgio Buarque de Holanda) foram mestres em explorar, ao limite, as potencialidades dessa escrita. Vislumbraram outras possibilidades, pois perceberam que a própria escritura e reescritura da história é plural. Em ambos, haveria a preocupação com a relação entre síntese e estudo monográfico, teoria e empiria, objetividade e subjetividade, entre outras questões, que convergem para a formulação de um ideal de historiador e de caminhos para os estudos históricos, a partir do momento em que seus textos foram publicados, configurando-se como intervenções na historiografia de seu tempo.

A grande importância atribuída a Capistrano de Abreu, no texto de Sérgio Buarque de Holanda, no desenvolvimento da historiografia brasileira ao longo da primeira metade do século XX foi, em larga medida, descrita em pontos análogos aos que Capistrano usara para salientar a importância de Varnhagen para a historiografia do século XIX, no "Necrológio" de 1878: a importância da pesquisa documental e o foco em novos temas históricos. Em outras palavras, os elogios de Sérgio a Capistrano lembram os de Capistrano a Varnhagen.[54] Assim, divulgação de documentos (também segundo regras críticas), abertura de novas sendas para estudo, objetividade e domínio de conhecimentos teóricos e conceituais de outras disciplinas são os aspectos que caracterizam a produção histórica de Capistrano de Abreu, no texto de Sérgio Buarque de Holanda. Dessa forma, se

---

[54] Lúcia M. P. Guimarães (2008), na conferência que citamos anteriormente, "A propósito do centenário de Sérgio Buarque de Holanda", assinala ainda que as qualidades vistas por Sérgio Buarque em Capistrano se assemelham às que Holanda apontou existirem em Leopold von Ranke.

observarmos que, para Capistrano, Varnhagen tinha entre suas qualidades a pesquisa documental e a descrição factual, mas lhe faltavam objetividade e teoria, Capistrano aparece, na visão de Sérgio Buarque, como dotado de todas essas qualidades, as presentes e as ausentes em Varnhagen. Se lembrarmos ainda que, no "Necrológio", Capistrano parece propor, a partir das qualidades e defeitos de Varnhagen, um ideal de história e historiador, temos que esse ideal não é muito diferente em Capistrano e Sérgio Buarque (considerando que o primeiro quase o personifica, para o segundo).

Em ambos os textos sobre os quais nos debruçamos sobressai uma análise da produção historiográfica que não se limita aos dois autores privilegiados (Varnhagen, para Capistrano, o próprio Capistrano, para Sérgio Buarque de Holanda). Isso é mais forte no texto de Sérgio Buarque, evidentemente, porque é uma análise da historiografia brasileira na primeira metade do século XX. Capistrano não é o tema, é seu ponto de partida.

Outra hipótese para o cruzamento entre os textos, que, se correta, pode ajudar a entender as semelhanças entre eles, é o fato de que ambos podem representar expressões da opção de seus autores pelos estudos históricos. Capistrano começa a largar os estudos de crítica literária e partir para a história — que ele não faria exclusivamente até o fim da vida, tendo em vista seus estudos de etnografia, geografia etc. Sérgio Buarque de Holanda, por sua vez, em seu texto, já se definia claramente como historiador profissional.[55] Os dois textos podem ser lidos, assim, como expressões de uma opção pela história como campo de estudo, compartilhando, desse modo, alguns aspectos desta prática que ambos abraçam, mesmo separados no tempo: vivem

---

[55] É interessante destacar que Holanda em 1947 foi contratado para assumir funções no Museu Paulista como "historiógrafo". Ver Eugênio e Monteiro (2008:690).

contextos culturais, políticos e acadêmicos diferentes, mas uma similar experiência moderna de tempo e escrita da história. Se as observações anteriores forem corretas, o que ambos os textos trazem são definições de atributos centrais do fazer histórico moderno.

Em que pese às diferenças de estilo, época, leitores e posicionamentos dos dois textos analisados (isto é, o diálogo contemporâneo específico em que se inserem), percebemos que há neles concepções próximas em relação ao tempo histórico e, sobretudo, ao fazer histórico. Por essa razão, como esperamos ter mostrado, os dois autores percebem e utilizam o conceito moderno de história procurando enfatizar dimensões que, do nosso ponto de vista, privilegiam a complexidade desse conceito. No entanto, ao que parece, ambos os autores defendem explicitamente posições que valorizam uma determinada escrita da história, aquela em que a empiria está articulada à teoria.

O período entre 1878 e 1951, entre o "Necrológio" e o "Pensamento histórico", é visto aqui como um entre-lugar, ou seja, entre duas das principais institucionalizações da escrita da história, entre a história pensada e produzida pelo IHGB e pela universidade, para tomarmos aquelas que parecem ser as instituições mais marcantes de cada momento, como já mencionamos. Os dois textos sobre os quais nos debruçamos aqui são como eventos que abrem e fecham caminhos (e mutuamente se constituem como eventos). Textos elaborados por "homens-pontes", "elos"; passagens de gerações, marcos, símbolos e "monumentos" da historiografia brasileira. Capistrano de Abreu pode ser visto como um "elo" entre duas formas de fazer história, a oitocentista (ou, mais precisamente, a do Segundo Império, de Varnhagen, Lisboa e Joaquim Caetano) e a "modernista", por assim dizer, já das primeiras décadas do século XX. Em análise já clássica, Alice P. Canabrava afirma que "a História como narrativa do empírico, dentro do juízo moral, [...] tem [em] Varnhagen, no Brasil, seu representante máximo", ao passo que "a história no quadro das ciências sociais, numa dimensão nova", tem na figura de Capistrano "a significação de um elo entre essas duas gerações", devendo Capistrano ser entendido ainda no contexto de sua época, de intelectuais como Sílvio Romero, Tobias Barreto, Euclides da Cunha. Essa geração expressou por meio de produções individuais a "inquietude em compreender a realidade brasileira com o apelo das novas correntes científicas que, ao seu tempo, se desenvolviam vigorosamente no campo das ciências do Homem" (Canabrava, 1971:424).

Embora a obra e o pensamento de Capistrano de Abreu tenham sido importantes para a obra de Sérgio Buarque de Holanda, em muitos aspectos e momentos, uma aproximação desses dois textos, separados no tempo por mais de 70 anos, não é de forma alguma óbvia. Os momentos particulares da história do Brasil em que esses textos foram escritos e publicados (os anos já de crise do Império, no caso de Capistrano, e a democracia pós-Estado Novo, quando Sérgio Buarque escreveu), e as diferenças de condições para os estudos históricos no Brasil nesses momentos, com o surgimento das universidades, não podem ser ignorados. Ambos os textos apresentam, mais do que avaliações específicas, considerações gerais sobre *o fazer história* e as características que deve possuir um historiador, que cremos poder ser pensadas a partir de certas mudanças na forma de se vivenciar o tempo e conceber a história. Desse modo, Capistrano de Abreu, em 1878, e Sérgio Buarque de Holanda, em 1951, levantam questões que permanecem relevantes para a história da historiografia tais como: a relação entre monografia e obra de síntese, teoria e empiria, objetividade e subjetividade. Nossa reflexão procura relacionar os textos em um escopo conceitual definido principalmente a partir dos estudos de François Hartog e Reinhart Koselleck, discutindo o regime de historicidade e a experiência do tempo moderna, que se constituíram a partir do fim do século XVIII. Capistrano e Sérgio estariam inseridos, assim, nessa espécie de "longa duração".

Desse modo, a experiência do tempo que orienta a nova visão da relação entre presente, passado e futuro atinge o próprio conhecimento histórico, pautado agora por um horizonte de expectativa que prevê o acréscimo de novos conhecimentos e a revisão daqueles outrora estabelecidos, mediante novos progressos, como a descoberta de documentos inéditos ou a reinterpretação dos já conhecidos à luz de novas teorias. Vale dizer que Sérgio Buarque comparou Capistrano a Marc Bloch no artigo, sob a chave de que o primeiro compreendia e praticava aquilo que o segundo viria a defender: que as fontes só falam se o historiador ousar "formular-lhes perguntas precisas e bem pensadas"; que antes de qualquer investigação, há um problema a mover o historiador (Holanda, 2008:602).

Comungamos da ideia de que Sérgio Buarque de Holanda, por sua vez, também pode ser interpretado como um elo: "poder-se-ia dizer que Sérgio Buarque foi um homem-ponte entre os intelectuais da 'rua' e os das 'instituições'" (Wegner, 2008:483), pontes entre o modernismo, o ensaísmo e a história acadêmica. Entre 1946 e 1956, Sérgio Buarque de Holanda dedicou-se à direção do Museu Paulista e ingressou na Escola de Sociologia e Política de São Paulo. Foi nesse ínterim que o autor escreve uma série de textos em defesa da institucionalização universitária e da profissionalização acadêmica. Não por acaso, seus três principais livros tidos como "históricos" foram publicados nas décadas de 1940 e 1950. São eles: *Monções* (1945), *Caminhos e fronteiras* (1957) e *Visão do paraíso* (1958).[56] Esse movimento é denominado por

---

[56] Ver, entre outros, Dias (1994); Wegner (2000; 2002); e Guimarães (2008:37-62).

Robert Wegner de "do ensaísmo à historiografia". Para Wegner, "se antes a atividade intelectual era vista como 'missão', agora [trata-se do comentário de um texto buarqueano de 1948] Sérgio Buarque enxerga a possibilidade de que tal atividade seja concebida como 'profissão'" (Wegner, 2008:491). Wegner ainda afirma: "Sérgio Buarque saúda a institucionalização das ciências humanas, advogando por sua novidade no contexto cultural brasileiro e defendendo a importância do intelectual moldado pela atividade miúda da inquirição" (Wegner, 2008:491). Nessa direção, o texto "O pensamento histórico no Brasil nos últimos 50 anos" (1951) é lido por nós como uma defesa da especialização, que é ao mesmo tempo uma defesa da institucionalização. O referido artigo não deixa de ser uma forma de intervenção em um projeto aberto, em disputa, inconcluso e em construção. Para Sérgio Buarque, como veremos, a história só teria a ganhar com tal processo.

Horizontes de um historiador profissional na década de 1950

Em 1950, Sérgio Buarque de Holanda, escrevendo no rodapé do jornal *Diário Carioca* sobre a obra *Apologia da história*, de Marc Bloch, advoga que a historiografia brasileira, em seu processo de especialização, poderia ganhar com uma leitura cuidadosa da obra. A consciência crítica em relação a problemas do presente ajudaria a afastar a noção de que a história serve para uma certa idolatria e louvação do passado no presente, problema particularmente perceptível na historiografia de países novos, como o Brasil. Para Sérgio Buarque de Holanda, ao contrário, o historiador tinha obrigação de "requerer que se denunciem com vigor o simples pastiche ou a vontade de se ressuscitarem monumentos e instituições de eras transatas" (Wegner, 2008:491).

Para isso, depositava uma grande expectativa na institucionalização da história universitária no Brasil, louvando a recém--publicada obra de José Honório Rodrigues, *Teoria da história do Brasil*, e a iniciativa de um grupo de professores paulistas em fundar a *Revista de História*; assim recorre ao famoso aforismo de Goethe, também presente em *Apologia da história*, em que diz "que a história não é mais do que um meio de nos emanciparmos do passado" (Holanda, 1950:5, 6). Mesmo que parecesse um contrassenso, o historiador brasileiro é claro em afirmar que a história deveria ser comprometida com o presente, e atenta em não repetir os erros do passado. Algum tempo depois, em 1967, na segunda edição de *Visão do paraíso*, Sérgio Buarque é ainda mais enfático, advogando em prol de uma história como uma forma de "exorcismo" do passado, contrastando com a figura de um historiador "taumaturgo", o que quer "erigir altares para o culto do Passado, desse passado posto no singular, que é palavra santa, mas oca" (Holanda, 2002:XVI).

A metáfora do taumaturgo refere-se a uma concepção tradicionalista da história na qual a reconstituição do passado produz uma espécie de modelo cívico de conduta. Essa metáfora é particularmente forte pois a taumaturgia é uma espécie de cura mágica, o que alude a uma concepção de história no mínimo artificial, em que o passado é modificado e cristalizado compondo um conjunto de mitos e lendas a serem cultuados pela sociedade que os produz. A referência ao nazismo não pode ser mais evidente, afinal os totalitarismos se apropriavam de mitos, expectativas frustradas de um passado mal resolvido apresentando formas de resolução dos impasses sociais catárticas e destrutivas.

A experiência dramática da guerra leva a um exame de consciência profundo da intelectualidade europeia que evidentemente reverbera em todo o mundo (ou, ao menos, no mundo marcado pela cultura europeia). As catástrofes do século XX contribuem, portanto, para a reelaboração de um novo paradigma historiográfico autocrítico, preocupado em transformar o conhecimento, em particular, o histórico, em fator de modificação da realidade, uma história "ciência do presente" tal qual definida por Lucien Frebvre. Seu comportamento autocrítico se refere também a uma tomada de consciência com as condições específicas do fazer histórico; assim, cresce uma preocupação com as condições sociais em que a história é produzida, com a historiografia, em detrimento de uma visão monolítica do que seja história.

Nesse sentido, a primeira grande diferença da primeira edição de *Raízes* para as outras é uma relativa diluição da matriz sociológica em detrimento de um adensamento do aparato de erudição histórica, em consonância com uma grande ampliação no aparato crítico e nas notas de rodapé (Eugênio, 2011:400-408). Segundo João Kennedy Eugênio, foram inseridos 116 novos parágrafos, o que corresponde a um acréscimo da ordem de um terço do texto, que, no geral, podem se relacionar com uma insatisfação com generalidades e um desejo de se aproximar do discurso de um historiador profissional.

Um dos principais apagamentos é a ideia de que nos constituímos no "único" esforço "bem-sucedido" de transplantação da cultura europeia em zona de clima tropical. Castro Rocha mostra os diversos apagamentos das citações ou referências explícitas a Freyre e à positividade da empreitada colonial (Rocha, 2008:248-249). Sobretudo, há uma mudança de tom do livro, mudança que só se completa com a terceira edição, quando a primeira sentença é substituída permanentemente por, "a tentativa de implantação da cultura europeia em extenso território, dotado de condições naturais, se não adversas, largamente estranhas à sua tradição milenar, é, nas origens da sociedade brasileira, o fato dominante e mais rico em consequências". O trecho aponta para uma empreitada ainda não concluída, o que, como já observamos, aumenta o sentido de continuidade entre *Raízes, Monções* e *Caminhos e fronteiras*.

Admitir que a sociedade brasileira não era bem-sucedida e nem bem havia se formado é uma posição prenhe de implicações políticas. Implicava abandonar qualquer forma de ufanismo e encarar mais abertamente nossos impasses sociais. *Raízes do Brasil* original fala do descompasso e do estranhamento produzido pela experiência urbana moderna na população ainda dominada por hábitos agrários. O impasse já está posto originalmente ali. Mas com a segunda edição ganha contornos mais dramáticos, já que ressalta que a população no alvorecer da República estava longe de compor uma nação, pelo contrário, escravos recém-libertos e população pobre em geral não seriam incluídos com a nova república, deixando a missão de um ajuste social incompleta. João Kennedy Eugênio chega a fazer um inventário de trechos onde a nacionalidade pronta e acabada é substituída por um *ainda não*, pela perspectiva de um processo inconcluso e problemático (Eugênio, 2011:388).

Evidentemente, esse horizonte político de natureza democrática, bem como dos perigos do nacionalismo ufanista, se põe com muito mais clareza no contexto posterior à Segunda Guerra Mundial, contexto em que o autor reviu a sua obra. Um ótimo exemplo aparece no último capítulo da obra, "Nossa Revolução", nas palavras de Sérgio, na primeira edição: "A grande revolução brasileira não *foi* um fato que se pudesse assinalar em um instante preciso; foi antes um processo demorado e que *durou* pelo menos três quartos de século"; se transforma a partir da segunda edição em "A grande revolução brasileira não *é* um fato que se pudesse assinalar em um instante preciso; foi antes um processo demorado e que *vem durando* pelo menos três quartos de século" (grifos nossos).[57]

---

[57] Uma reflexão sobre o paradigma do "ainda não" na obra de Sérgio Buarque de Holanda pode ser vista em Nicodemo (2014:44-61).

Parece evidente que a revisão do tom político da obra tem relação com a conjuntura posta em seu presente, no contexto do pós-Segunda Guerra e pós-Estado Novo. Assim, Sérgio Buarque fez prevalecer os vieses democráticos e antifascistas do livro. Nada que não estivesse lá fora inventado, apenas alguns elementos presentes reforçados e outros silenciados. O conjunto ficou mais coerente, sem dúvidas, mas, ao mesmo tempo, bem diferente do sentido original.

Monções e *Caminhos e fronteiras* são aprofundamentos de temas presentes em *Raízes do Brasil*. Trata-se de aprofundamento porque a obra de 1936 é multifocal se projetando retrospectivamente em diversos aspectos da vida na colônia e transição para a República. Enquanto isso, as duas obras posteriores delimitam o recorte temporal e temático de forma mais específica, investigando exaustivamente o processo histórico de expansão fluvial para oeste a partir de São Paulo durante o século XVIII. Essas mudanças têm relação com o fato de Sérgio Buarque ter se animado com a produção do conhecimento universitário em história, seja por sua experiência na Universidade do Distrito Federal, seja pela expansão de sua rede de contato e de colaboração, como foi o caso da viagem aos Estado Unidos.[58] A disciplina histórica passava por um processo de especialização em escala global, com a sedimentação de correntes como a "escola" dos Annales na França. Graças aliás à publicação de *Monções* e dos textos que fariam parte de *Caminhos e fronteiras*, publicados na segunda metade da década de 1940, Sérgio Buarque ganha reconhecimento internacional, sendo convidado por Fernand Braudel e Lucien Febvre para

---

[58] Sobre a experiência de Sérgio Buarque de Holanda na Universidade do Distrito Federal, ver Carvalho (2003:181-182). Na análise literária, Antonio Candido (1992:126) chama a atenção pela mesma questão.

ensinar na França e tendo um texto publicado na revista dos Annales em 1949.[59]

Essa mudança de objeto está relacionada com diferenças importantes nos métodos e ferramentas mobilizados já que os modelos interpretativos duais de seu primeiro ensaio, como o do "homem cordial", ou o do "ladrilhador" e do "semeador", progressivamente ganham outros contornos, resultando em um método fluido, preocupado em escapar de generalizações e em captar as diversas temporalidades dos eventos (Dias, 1985:25-26; Monteiro, 1996:47). Portanto podemos dizer que *Monções* e *Caminhos e fronteiras* aprofundam um dos temas centrais de *Raízes* que é o de compreender o resultado da história de adaptação do europeu a um novo mundo. No entanto, diferentemente da primeira obra, nas outras o autor estuda apenas um processo histórico, que é aquele de expansão das fronteiras para além do Tratado de Tordesilhas. Não custa esclarecer de forma preliminar que as obras são complementares em termos cronológicos, mas regressivo, indo do evento mais recente para o mais antigo. Enquanto *Monções* trata do processo de expansão a partir do planalto paulista sobretudo pelas vias fluviais, ocorrido principalmente no século XVIII (com algum lastro no século XVII e no XIX), *Caminhos e fronteiras* trata da expansão paulista por caminhos terrestres, das entradas e das bandeiras, concentradas portanto no séculos XVI e XVII.

A escolha da experiência histórica de expansão das fronteiras a partir do planalto paulista é estratégica. Na visão de Sérgio Buarque, a região sofreu menos efeitos imediatos do processo

---

[59] Sérgio Buarque acabou recusando a ideia de um semestre letivo e proferiu uma conferência na Sorbonne. Foi essa fala que resultou na publicação na revista dos *Annales* do artigo intitulado "*Au Brésil colonial: les civilisations du miel*", que aparece reescrito como o capítulo 3: "A cera e o mel", em *Caminhos e fronteiras*.

de colonização ibérico, se compararmos com as regiões afetadas ao longo do século XVI pelo cultivo da cana-de-açúcar. O "desleixo" identificado em *Raízes do Brasil* podia ser analisado então em estado quase essencial já que a região de São Paulo sofria menos controle da Coroa nas primeiras décadas (ou séculos) da colonização. Retomando um argumento de Robert Wegner presente de forma explícita apenas em *Caminhos e fronteiras* (Holanda, 1994:9-10), a chave do processo de adaptação é a própria lentidão com que no planalto paulista as técnicas e tradições ibéricas são processadas. Em São Paulo, o que é um imperativo de sobrevivência e, para isso, a necessidade de aprendizado das técnicas e estratégias nativas, "só muito aos poucos, embora com extraordinária consistência, consegue o europeu implantar, num país estranho, algumas formas de vida que já lhe eram familiares no velho mundo" (Holanda, 1990:16).

O sentido da investigação se volta então para as resultantes materiais da trajetória de adaptação, atentando para as dificuldades e os entraves de um longo e complicado processo.[60] Se olharmos *Monções* por meio de uma das dualidades de *Raízes do Brasil*, a tensão entre a ética da aventura e a ética do trabalho (mediados no caso concreto brasileiro pela cordialidade), veremos que a obra de 1945 mostra como pouco a pouco esse aventureiro colonizador se assentou ("domesticou-se", nas palavras de Sérgio Buarque), criando formas menos precárias de assentamento na terra. Nas palavras do próprio Sérgio Buarque, em *Monções*, "é inevitável pensar que o rio, que as longas jornadas fluviais tiveram uma ação disciplinadora e de algum modo amortecedora sobre o ânimo tradicionalmente aventuroso daqueles homens" (Holanda, 1990:72). Como mostra Hen-

---
[60] Nas palavras de João Kennedy Eugênio (2011:351-352), "a meta a ser atingida pela cultura não é isto ou aquilo, mas o desenvolvimento das próprias potencialidades: chegar a ser o que é; atualizar a forma" por meio da adaptação.

rique Estrada Rodrigues, a expansão da fronteira é uma ilusão de liberdade, elas não deixavam de estar fora do escopo de um "otimismo ilustrado", imbuído de uma visão civilizacional, distante ainda de anseios concretamente democráticos (Rodrigues, 2005:78-81).

Apesar dessa perspectiva de continuidade nas obras de Holanda, devemos atentar para uma diferença fundamental. *Raízes do Brasil* de 1936 é um diagnóstico dos resultados do processo de adaptação, pensando a resultante como um *valor em si* que é a nacionalidade brasileira. Não por acaso, a primeira sentença da obra é, nas palavras do autor, "todo estudo compreensivo da sociedade brasileira há de destacar o fato verdadeiramente fundamental de constituirmos o único esforço bem-sucedido em larga escala, de transplantação da cultura europeia para uma zona de clima tropical e subtropical" (Holanda, 1936:3). Pesa além disso, o fato de a esse juízo ser atribuído um valor positivo, já que a experiência brasileira é "bem-sucedida". Como já foi notado por João Cezar de Castro Rocha, essa avaliação aproxima Sérgio Buarque de Gilberto Freyre, que também tendia na sua obra *Casa-grande & senzala*, de 1933, a olhar a experiência histórica brasileira com olhar otimista.[61] Não por acaso, Freyre escreveu o prefácio à primeira edição da obra, assim como foi o responsável pela sua edição como diretor da série "Documentos Brasileiros" da editora José Olympio (*Raízes do Brasil* foi o primeiro volume da coleção).

Já foi mencionado que *Raízes do Brasil* não é uma obra uníssona, e que costuma fugir das definições rígidas. Mas não se pode perder de vista que o que está em jogo é a percepção do processo de adaptação do europeu e sua conversão em algo novo. Esse novo são a nacionalidade, a cultura e sociedade bra-

---

[61] Rocha (2008:248-249). Questão também observada por Eugênio (2011:380-381).

sileira. *Raízes* não só tende para pensar esse produto como positivo, mas sobretudo para encará-lo como *acabado*, no sentido em que a nacionalidade brasileira está relativamente construída, pronta. Se não pronta, determinada organicamente por suas forças e potencialidades históricas (Eugênio, 2011:359).

Em *Monções* e *Caminhos e fronteiras* esse julgamento de valor tende a ser suspenso, digamos, posto em parênteses. Ao mesmo tempo, a dialética que já predominava na primeira obra, a do descompasso produtivo entre o local e o europeu, entre os novos tempos e as formas de vida arcaicas, se torna mais aberta e flexível. Não se trata mais de falar de uma nacionalidade pronta, construída pelas nossas condicionantes históricas, mas sim das "brechas":[62] capítulos da trajetória de adaptação do europeu no novo mundo que criaram possibilidades ainda não alcançadas, de tendências que, se melhor compreendidas, criariam condições para um futuro mais igualitário e democrático (Wegner, 2000:128). Tratava-se também de reconhecer que o brasileiro não tinha uma "essência": se algo caracterizava a brasilidade, esse algo era justamente a *adaptação*, que em termos dialéticos aparecia na tensão entre o legado europeu e as formas originais que resultavam no "adventício".

O conluio entre historicidade e política na análise da formação do Brasil é evidente devido ao desejo de dar coerência e inteligibilidade ao seu próprio legado, no nível de domínio técnico da temporalidade e também no seu nível de consciência histórica como agente. Entretanto, é necessário ressaltar que ele não é o único a compartilhar essa visão de mundo e a desenvolver ferramentas conceituais adaptadas àquela realidade. Uma análise histórica enredada nos dilemas do presente e ela própria comprometida com os processos que são seus objetos

---

[62] O termo "brecha" foi utilizado por Wegner (2000). A mesma ideia aparece na tese de Rodrigues (2005:58).

privilegiados de análise são a marca característica do desenvolvimento de uma ciência social brasileira desde as primeiras obras "ensaísticas" com forte impregnação ao longo do século XX. O esforço de anulação do *telos* nacional e sua substituição por uma articulação pretendida do tempo entre passado e futuro, subjetivação do autor/narrador, e o uso de arcabouço conceitual em favor da aceleração do próprio processo narrado estão presentes em obras aparentemente díspares como *Formação do Brasil contemporâneo*, de Caio Prado Jr., *Formação da literatura brasileira*, de Antonio Candido; *Formação econômica do Brasil*, de Celso Furtado.

Se recuperarmos a discussão nos termos propostos por Henrique Estrada Rodrigues em texto a respeito do conceito de "formação", diríamos que o que está sendo analisado aqui é o uso desse conceito numa fase de "diluição" ou esgotamento. Nesse estágio, o conceito como uma "forma simbólica de uma sensibilidade política que apostara na capacidade formativa do próprio saber historiográfico" (Rodrigues, H., 2015:263) parece arrefecer. Para ilustrar o processo, o autor se utiliza da análise das diferenças entre *Raízes do Brasil* e *Visão do paraíso*, argumentando que, do ponto de vista de uma historicidade ou política narrativa, o horizonte temporal e espacial da obra se restringe; em poucas palavras, o futuro se esvazia, perde potência como lastro do horizonte narrativo (Rodrigues, H., 2015:266). O autor se questiona se esse declínio teria a ver com a crise do "cronótopo historicista" ou com a especialização que foi domesticando a escrita da história em formas mais monográficas. O que mostramos neste livro é justamente a íntima relação entre a "erosão" do singular coletivo da história (que é sinônimo da "crise no cronótopo historicista") e a sedimentação de uma cultura acadêmica que se pretende especializada. Isso implica pensarmos na relação entre uma ideia de história e um ideal de nação, que certamente não podem ser considerados de forma monolítica ou homogênea já que muitos projetos de nação, alguns mais vitoriosos, outros menos, ensejaram a construção da cultura acadêmica historiográfica no Brasil. Tão pouco, trata-se aqui de realizar um elogio desse processo. Pelo contrário, entendemos que a historicização é um primeiro passo para compreendermos as várias potencialidades de projetos e ideias descartadas ou desvirtuadas; e sobretudo de avaliar criticamente os limites e compreender melhor o enraizamento histórico e social da cultura acadêmica que, ao menos em parte, ainda está ao nosso redor.

Assim, procurando ir um pouco além da pergunta de Rodrigues, perguntamos se o paradigma da formação não comporta essas ambiguidades, se ele próprio a partir de suas mutações nas décadas de 1930-50 não incluiu o conhecimento especializado como parte de um ideal formativo de Estado. A resposta só pode ser dada mais além pois envolve pensar o lugar da síntese, do ensaio, de como, enfim, a "interpretação do Brasil" permanece codificada nas entrelinhas da escrita na universidade; em um trocadilho com o célebre texto de Martius, cumpre entender então, como se deve escrever e ensinar a história do Brasil depois do advento das universidades.

CAPÍTULO 4

Como se deve escrever e ensinar história do Brasil depois da universidade? Instituições, novos agentes e mercado editorial

Neste capítulo investiremos em uma análise dos efeitos da institucionalização da universidade na dinâmica da produção e circulação do conhecimento. Para isso, daremos ênfase à emergência de um novo cenário enraizado no contexto do pós-Segunda Guerra Mundial e pautado por iniciativas de sistematização do conhecimento produzido na universidade. Muitos dos temas tratados aqui são ainda pouco estudados e merecem aprofundamentos. Por isso, alertamos para a fragmentação de algumas das nossas posições. Seguindo a linha geral do livro, nossa intenção aqui é propor uma introdução ao problema da cristalização do conhecimento universitário entre a segunda metade da década de 1940 e o início da década de 1960. Graças aos novos horizontes do Brasil no cenário pós-Segunda Guerra Mundial, houve avanços sensíveis no aparato institucional de produção do conhecimento, com a criação de agências de fomento à pesquisa (tais como a Capes e o CNPq, em 1951, e a Fapesp, em 1962), a fundação de novos cursos universitários pelo Brasil e o fortalecimento de um mercado editorial que começa a disputar e ajudar a moldar as demandas do público universitário. Procuramos dar conta dessa questão tão complexa sem abrir mão do fio condutor deste livro, que é o amadurecimento de uma certa ideia/conceito sobre o fazer histórico acadêmico. Procuramos ainda nos textos as variações semânticas do termo história/historiografia e a evolução de seus usos, dado o contexto em mutação.

A emergência dos "estudos brasileiros": circulação internacional no pós-Segunda Guerra

A concepção do trabalho intelectual e dos sentidos da profissão certamente deve algo ao crescente interesse sobre o Brasil no século XX e sobretudo ao crescente intercâmbio internacional de intelectuais brasileiros, especialmente durante a década de 1940. A ascensão do Brasil a tema de estudos especializados em um panorama científico internacional certamente se vincula à afirmação desses interesses estratégicos e políticos, já que justamente no período o país ganhou enorme importância na política externa do governo do presidente Franklin Roosevelt.[63] Lewis Hanke e William Berrien, atuando em nome da Hispanic Foundation, criada em 1939 e ligada à Library of Congress (Hispanic..., 1940:256-262), convidaram intelectuais como Sérgio Buarque de Holanda,[64] Gilberto Freyre,[65] Rubens Borba de Moraes e José Honório Rodrigues, sem contar Erico Veríssimo (que não foi convidado por Hanke, mas se insere no mesmo contexto).

---

[63] Berger (1995:48). Ver, também, Tota (2000).
[64] O contexto de fortalecimento das instâncias de produção de conhecimento nos Estados Unidos certamente chamou a atenção do intelectual brasileiro. Lewis Hanke, muito provavelmente, ocupou um papel tutelar em sua visita, apresentando a Sérgio Buarque bibliotecas e arquivos.
[65] Ainda em 1939, Lewis Hanke publicou um artigo dedicado à vida e à obra do autor com versões em inglês, *Quarterly Journal of Inter-American Relations*, e em espanhol, na *Revista Hispánica Moderna* da Universidade de Colúmbia (Hanke, 1939a; 1939b).

Mesmo sendo um caso à parte porque já havia morado nos Estados Unidos, Freyre estabelece novos contatos e consegue negociar a publicação, pela prestigiosa Editora Alfred Knopf, da tradução de *Casa-grande & senzala* em inglês além da coletânea das conferências proferidas nas universidades de Harvard e Indiana (que ganharam o título de *Brazil: an interpretation*) (Freyre, 1945). Já Sérgio Buarque foi aos Estados Unidos em 1941, passando pelas universidades do Wyoming, Chicago e Columbia, além das bibliotecas do Congresso (Library of Congress) e a municipal de Nova York (New York Public Library). A circulação internacional tanto de Freyre quanto de Buarque lhes garantiu algum espaço na Europa do pós-guerra, seja em comissões da recém-fundada Unesco, seja pelo reconhecimento de pares, como os historiadores franceses Fernand Braudel e Lucien Febvre.[66] Por sua vez, José Honório Rodrigues viajou aos EUA em 1943 e 1944, quando também visitou a Library of Congress e assistiu ao curso de introdução aos estudos históricos na Universidade de Columbia, ministrado por Charles A. Cole. As viagens redirecionaram as preocupações de José Honório com relação às condições estruturais da pesquisa e do ensino em ciências humanas no Brasil, em particular, em relação ao ensino de história. André de Lemos Freixo demonstra como são justamente os primeiros artigos de jornal e relatórios em que Rodrigues relata a experiência nos EUA que estão na base de sua reflexão sobre teoria da história e história da historiografia

---

[66] Textos produzidos, por exemplo, por Sérgio Buarque de Holanda para alguns destes congressos e conferências foram posteriormente incorporados em *Caminhos e fronteiras* (Holanda, 1994:11); "As Técnicas Rurais no Brasil durante o Século XVIII". In: *Colóquio Internacional de Estudos Luso-Brasileiros*, s/n, out. 1950, Washington D.C. *Anais...* Nashville: The Vanderbilt University Press, 1953. p. 260-266. Texto que origina a série de artigos "Algumas técnicas rurais no Brasil Colonial I, II, II" (Holanda, 1951-1952).

no Brasil, a começar por *Teoria da história do Brasil*, de 1949 (Freixo, 2013:144-145).

Este despertar para as condições profissionais de pesquisadores e professores ocorrido no contato com os Estados Unidos do pós-guerra não foi exclusivo para a área de história. Uma grande atenção foi dada para o desenvolvimento de acervos, arquivos e bibliotecas, que cresciam no Brasil naquele momento. Não é por acaso que tanto Sérgio Buarque quanto José Honório trabalhavam no então recém-fundado Instituto Nacional do Livro. Outra figura fundamental nesse sentido foi Rubens Borba de Moraes. Muito próximo de Mário de Andrade e de Sérgio Buarque de Holanda desde os tempos de Semana de Arte Moderna, teve participação decisiva como gestor seja do setor de bibliotecas do Departamento de Cultura do Município de São Paulo (1935-1938), seja como diretor da Biblioteca Municipal. Em 1940, é convidado por Lewis Hanke, da Hispanic Foundation da Library of Congress, e Willian Berrien a editar, ao lado deste último, o projeto de um *Handbook of Brazilian studies*. A missão era repetir, mesmo que em menor escala, o sucesso da coleção *Handbook of Latin American studies* editada desde 1936 por Lewis Hanke e, desde 1938, sediada na Library of Congress. Assim como Rodrigues na teoria da história e na historiografia, Borba foi precursor dos estudos superiores em biblioteconomia no Brasil, tendo formado várias gerações e contribuído com a profissionalização desse campo no Brasil.

José Honório já havia chamado a atenção para a importância da publicação de manuais de referência. Essa prática se consolidava nos Estados Unidos na época; para citar um exemplo, o New Criticism esteve em processo de luta pela sedimentação da disciplina dos *English studies* na década de 1930.[67] Não convém

---

[67] Graças, em especial, ao sucesso editorial dos seus principais manuais, como *The new criticism*, de John Crowe Ranson, publicado em 1941 e dedicado ao

entrar em detalhes de por que o projeto, da forma como foi idealizado, fracassou. O projeto original era de uma obra bilíngue com colaboradores nacionais e internacionais que desse conta do estado da arte de todas as disciplinas ligadas ao Brasil, seja arte, direito, educação, história, literatura e sociologia, integrando a bibliografia atualizada com um texto crítico introdutório. A obra foi financiada por instituições como a Fundação Rockefeller e o American Council of Learned Societies, e a expectativa era que fosse publicada até 1944. O fato é que, após percalços e atrasos, o livro foi editado no Brasil apenas em 1949, com textos de intelectuais brasileiros como Mário de Andrade, Gilberto Freyre, Sérgio Buarque de Holanda, Caio Prado Jr., José Honório Rodrigues, e apenas alguns estrangeiros, ou radicados no Brasil como Pierre Monbeig e Donald Pierson, ou escritores frequentes no *Handbook of Latin American studies*, tais como Robert C. Smith (da Library of Congress) (Moraes e Berrien, 1949).

Historiografia no *Manual bibliográfico de estudos brasileiros*

O *Manual bibliográfico de estudos brasileiros* é um livro inteiramente dedicado aos livros. Para entender seu significado é necessário retornar brevemente para a história dos livros e das coleções sobre o Brasil no século XX, ou seja, para a ideia de uma Brasiliana, como expressa na coleção "Documentos Brasileiros" da Editora José Olympio ou na "Coleção Brasiliana" da Cia. Editora Nacional. Assim, o *Manual bibliográfico* se coloca

---

estudo do método crítico de T. S. Eliot, I. A. Richards e Yvor Winters, e *Understanding poetry*, de 1938, um manual de análise de poesia dedicado a estudantes universitários, e seguido de *Understanding fiction*, de 1943, e *Understanding drama*, de 1945. Ver Jancovich (1993:12).

como herdeiro da tradição editorial consolidada na década de 1930, dedicada a constituir uma "biblioteca metafórica" do país (Sorá, 2010; Franzini, 2010); ou, nas palavras de Eliana Dutra ao se referir especificamente à "Coleção Brasiliana", "estabelecer um padrão cognitivo científico para a compreensão e releitura do Brasil, o qual pudesse ser uma espécie de bússola para orientar o correto e eficiente caminho na procura de alternativas viáveis para a sua modernidade cultural e econômica".[68]

O *Manual bibliográfico* pode ser encarado como termômetro de uma mudança de diversos "contextos". No início, na década de 1930, a expectativa ainda era ver o intelectual como uma espécie de artesão "da identidade nacional, encarregados da elaboração de narrativas capazes de recuperar a genealogia da nação e de reunir os brasileiros em torno de um passado comum em um ímpeto de estudar o Brasil como problema",[69] valorizando, como sugere Fábio Franzini (apoiado em comentário de José Honório Rodrigues a respeito do esgotamento da ideia de "brasiliana" na década de 1950), os estudos especializados, profissionais, que estabelecessem pontes críticas entre os impasses do presente e o estudo do passado.[70]

---

[68] Dutra (2013a:43). Para um "contexto" mais amplo e outros projetos editoriais, ver, entre outros, Luca (1999, 2011).

[69] "Assim é que, em 1933, são publicados, praticamente em bloco, os livros de Oliveira Vianna, *A evolução do povo brasileiro*, em segunda edição, e pela primeira vez na Brasiliana; e as primeiras edições de *À margem da história do Brasil*, de Vicente Licínio Cardoso, *História da civilização brasileira*, de Pedro Calmon, e *A escravidão negra*, de Evaristo de Moraes. É interessante ver esses homens — que se autodenominam historiadores alguns, e que, na sua totalidade, são reconhecidos como tal no interior da subsérie história da Brasiliana, também pelo Instituto Histórico e Geográfico que acolhe muitos deles entre seus membros, e pela posteridade — às voltas com a história" (Dutra, 2013a:48).

[70] Enquanto corriam os anos 1930 e 1940 e o país vivia grandes transformações, tanto materiais quanto mentais, no sentido de sua modernização, a Documentos Brasileiros se constituiu, também, como marco de uma inte-

Essa sensação de atualidade, de presença dos impasses históricos do Brasil no presente, foi discutida por Caio Prado Jr. em seu texto entitulado "Segundo Reinado", publicado no *Manual bibliográfico*. Para ele, o século XIX seria o "período mais interessante da evolução brasileira" já que representa a transição entre o passado colonial e "o presente moderno". A dificuldade em abordar o assunto constatada na escassa bibliografia se deveria sobretudo por causa disso, pela atualidade e pela complexidade desse processo em que "uma civilização moderna e que se emparelha à dos povos mais desenvolvidos da atualidade" que se erigiu de forma muito rápida convive com "formas antiquadas que sobraram da colônia".[71] Evidentemente, a ideia se entrelaça com o próprio "sentido da colonização", tal como expresso em *Formação do Brasil contemporâneo*, de 1942 (Iumatti, 2005:1-2). É emblemático que o mesmo texto aparece publicado quatro anos depois, como um dos ensaios que compõem a edição de 1953 do *Evolução política do Brasil e outros ensaios*, com o título de "*Historiografia* do Segundo Império" (grifo nosso).

Algo muito semelhante defende Gilberto Freyre, em sua apresentação à seção de história do "Brasil República". Em tom bastante pessoal, o autor esclarece não ser especialista "em

---

lectualidade igualmente em mudança. Em fins da década de 1950, porém, já era possível sentir que sua fórmula dava sinais de esgotamento. Em texto de 1958, o historiador José Honório Rodrigues notava, de modo genérico, que as coleções dedicadas ao exame do Brasil "tinham o dever de provocar um pensamento mais pragmatista, em que o presente, com seus problemas e temas, fosse o foco em que se projetasse a luz do passado". No entanto, continuava ele, a "história historizante, história puramente descritiva, história clássica como um relógio de repetição", havia tomado de assalto tais "brasilianas", que teriam passado "a debater os mesmos problemas e a discutir as mesmas teses, apenas porque o especialismo erudito descobrira mais uma miúda novidade ou uma palavra diferente da mesma personagem" (Franzini, 2013:24-45). Ver também Venancio (2013:109-126).

[71] Prado Jr. (1949:434). Texto publicado posteriormente na edição de 1953 de *Evolução política do Brasil* (Prado Jr, 2012:210-211).

nenhuma das épocas políticas em que se divida a História do Brasil", pois seu critério é o viés "histórico-sociólógico de estudo de tendências, tipos e instituições sociais e de cultura (nem sempre coincidentes, em seu desenvolvimento, com as épocas ou os períodos políticos do desenvolvimento de um povo)", em detrimento de um critério político e cronológico; e completa, "Só assim se explica que aceitemos a responsabilidade de escrever a introdução para a bibliografia do material relativo à história do período republicano do desenvolvimento brasileiro: de 1889 aos nossos dias"(Freyre, 1949:447). Seu principal objeto dentro desse espectro, o "patriarcado agrário e escravocrata", teria oficialmente morrido com itens mesmo do início da República, com a abolição. Mas completa, "sociologicamente, não morreu", pois

> várias sobrevivências patriarcais ainda hoje convivem com o brasileiro das áreas mais marcadas pelo longo domínio do patriarcado escravocrata — agrário ou mesmo pastoril — e menos afetadas pela imigração neo-europeia (italiana, alemã, polonesa, etc.) ou japonesa; ou pela industrialização e urbanização da economia, da vida social e da cultura [Freyre, 1949:448].

O sentido da atualidade do passado no presente se entrelaçava com os objetivos da especialização e da profissionalização; afinal, era necessário precisão na descrição do estado corrente da arte, retrato analítico da conjuntura presente. Assim, Caio Prado complementa sua bibliografia com um anexo sobre "assuntos especiais" (Moraes e Berrien, 1949:628-637) (no final da seção de história), com recortes que já flertam com a especialização temática em história, tais como, "escravidão africana — tráfico — abolição", "indígenas — legislação — estatuto jurídico e social", "igreja — clero — ordens religiosas", "história econômica — estatística", "história constitucional, administrativa, jurídica — limites interprovinciais".

Contrastando com a sobriedade e objetividade adotada por Sérgio Buarque em seu texto no *Manual*, Mário de Andrade, em texto póstumo sobre o "folclore", anuncia as insuficiências de Sílvio Romero, apontando que seus defeitos "são mais propriamente defeitos da época e também da não especialização" (Andrade, 1949:287). O mal maior é que Romero foi largamente seguido por escritores e jornalistas em sua época, indivíduos desprovidos de qualquer conhecimento "técnico". Isso deu origem a uma orientação deplorável de folcloristas mais ou menos improvisados, "descritores deficientes e levianos dos nossos costumes tradicionais" (Andrade, 1949:288). Fazia-se "imprescindível" uma abordagem "nova de Folclore", verdadeiramente "científica", capaz de dar conta da especificidade da noção "para os povos de civilização e cultura recentemente importada e histórica, como os da nossa América" (Andrade, 1949:298). O amadorismo só foi sendo superado com a década de 1930, quando se entra numa fase "monográfica" capitaneada pelo Departamento de Cultura de São Paulo (1935), o Serviço de Patrimônio Artístico Nacional (1937) e iniciativas como as de Arthur Ramos, Luís da Camara Cascudo e Gilberto Freyre. Esse ambiente criou condições propícias para o desenvolvimento de revistas, como a *Revista do Arquivo* (Municipal, de São Paulo), o *Boletim da Sociedade de Etnologia e Folclore*, a *Revista do Serviço do Patrimônio Histórico e Artístico Nacional*, bem como impulsionou expedições de coleta de material e análise feitas em cooperação entre pesquisadores brasileiros e estrangeiros (tais como Claude e Dinah Lévi-Strauss). Enfim, nas palavras de Mário de Andrade:

> E esta é a situação dos estudos de folclore no Brasil. Iniciado nas inseguranças metodológicas do século passado, em grande parte

ele foi substituído pelo encanto e curiosidade das artes populares e o amadorismo tomou posse dele, fazendo sem nenhum critério colheitas de finalidade antológica, destinadas a mostrar a poesia, o canto, os provérbios e a anedótica populares. É o que prova abundantemente a bibliografia. E com isso o folclore estava (e por muitas partes ainda está) arriscado a ser compreendido, menos como ciência e mais como um ramo da literatura, destinado a divertir o público com a criação lírica e os dizeres esquisitos do povo. [...] Mas aos poucos veio se acentuando naturalmente uma orientação mais técnica que se sentiu na necessidade de humildemente abandonar o ideal das grandes obras de conjunto, e se dedicar a pesquisas e estudos particulares, de caráter monográfico. Enfim o estudo do folclore no Brasil adquiria consciência do seu trabalho preliminar, verificando que as obras de síntese, ou que se pretendem tais, com raríssimas exceções, são prematuras e em grande parte derivadas do gosto nacional pela adivinhação. Esta mudança está sendo auxiliada e firmada pelas cátedras de estudos afins, principalmente de sociologia, existentes nas universidades do país, as instituições oficiais de cultura que abrangem os estudos da tradição, bem como por sociedades de antropologia, de geografia, de história, de sociologia e mesmo diretamente de folclore que vão se organizando aos poucos por todo o país, conscientes das necessidades de policiar e defender a seriedade dos estudos mais ou menos comuns. Esta intenção de policiamento assim como a sugestão insistente a que os estudiosos nacionais se dediquem a trabalhos de caráter monográficos, é visível nestas sociedades conscientes do seu papel orientador [Andrade, 1949:295].

Assim, uma análise crítica do presente vai orientando o passado, configurando elementos fundamentais de um regime de verdade amparado no surgimento de novas instituições, mas sobretudo em um discurso de legitimação desses fazeres (Dutra, 2013a:66-67). O diagnóstico de Mário de Andrade para o folclore lembra o que os historiadores vinham fazendo para sua disciplina desde o fim do século XIX: a ênfase na necessidade de monografias, por oposição a grandes sínteses.

Apontamentos sobre a *Revista de História* da USP

A *Revista de História* da Universidade de São Paulo foi criada em 1950 graças aos esforços do professor Eurípedes Simões de Paula. Provavelmente, trata-se da mais significativa iniciativa do gênero no Brasil na área de história, na medida em que é organicamente ligada a um departamento e a uma universidade, com claros objetivos de "oferecer aos estudiosos" e aos "jovens pesquisadores" "uma oportunidade de divulgação sistemática, e mais ou menos ampla, dos trabalhos e das pesquisas que o amor ao estudo e a dedicação ao magistério universitário propiciam e orientam" (Paula, 1950:1). Sua frequência era de três números por ano e seu primeiro conselho editorial era composto pelos professores Alfredo Ellis Jr., Alice Canabrava, Carlos Drumond, Eduardo d'Oliveira França, Émille Léonard, Fidelino de Figueiredo, Aldo Jannotti, Sérgio Buarque de Holanda (não era ligado à USP, então diretor do Museu Paulista), Plinio Ayrosa e Pedro Moacyr Campos. Estruturalmente, a revista apresentava uma seção de "artigos", geralmente precedida de uma "conferência", incluía com frequência uma seção de "fatos e notas" (às vezes precedida por "documentário"), que relatava a participação em congressos etc., seções de "resenha bibliográfica" e de "noticiário", e, mais esporadicamente, "questões pedagógicas" (seção importantíssima que tem frequência bastante grande),[72] "docu-

---

[72] Desde o programa exposto por Eurípedes Simões de Paula no primeiro número, a revista "quer ter também outra finalidade; quer ser o traço de união

mentário", "arquivos", "bibliotecas" e "crítica biobliográfica" (Alves, 2010:71).

Ainda hoje o campo da história da historiografia demonstra lacunas graves e certamente o estudo sistemático da *Revista de História* da USP é uma delas. O material contido na revista representa uma etapa importante do processo de sedimentação da história como disciplina universitária no Brasil. Sua natureza é muito dinâmica, a revista não apenas escoa a produção dos professores locais e da pós-graduação; folheando a revista se captam aproximações com polos já consolidados de produção histórica como o IHGB e outros institutos históricos e geográficos regionais, debates sobre projetos de integração pan-americana ou latino-americana,[73] bem como o fluxo de professores estrangeiros no Brasil (por meio de traduções de artigos e conferências), sobretudo franceses, como o já mencionado no intercâmbio de professores brasileiros no exterior. Cabe destacar que pouquíssimas teses foram defendidas entre 1942 e 1950 (cerca de oito teses de doutorado, quase que estritamente para a qualificação do corpo docente), e entre 1951 e 1973 o número é de oitenta e três (Capelato, Glezer e Ferlini, 1994:349-358).

Além de, em si, ser um documento do processo de reconfiguração da disciplina, a revista guarda um interesse significativo

---

entre a Faculdade e os professores de História do ensino normal e secundário. Para isso pretende fornecer-lhes bibliografias sempre atualizadas, interpretações novas de fatos históricos em geral, resenhas críticas de obras recentes, comentários desapaixonados à margem de assuntos contravertidos e documentos antigos devidamente estudados. Tudo, enfim, quanto possa obviar, em parte, as naturais deficiências das bibliotecas existentes no interior do Estado" (Paula, 1950:1).

[73] A esse respeito, ver, entre outros, o artigo interessantíssimo de Costa (1961). Sobre o tema, também devem ser consideradas as longas aproximações entre historiadores brasileiros e latino-americanos e norte-americanos que se intensificam muito desde o final do século XIX, bem como ressaltar o papel central do IHGB nesse processo. Ver Silva (2011; 2015:231-247); Bueno (1997:231-250); e Nascimento Júnior (2016).

por discussões teóricas e em história da historiografia. Para os efeitos do argumento deste livro, avaliamos artigos pertinentes entre 1950 e 1961. Nesse período, dificilmente não se encontra ao menos um artigo que pode ser considerado teórico ou historiográfico por número, coisa que contrasta bastante com uma pretensa tradição pragmática, de uma certa resistência à teoria e à autorreflexão por parte dos historiadores. Pelo contrário, eles estavam muito dispostos a refletir sobre o seu fazer e a considerar novas ideias. Isso se devia a vários fatores que vão da necessidade de organizar os currículos e de estabelecer bases comuns aos ensino (por meio de manuais, por exemplo) à necessidade de estabelecer uma constelação de referências intelectuais que legitimam as praticas universitárias entre nossas tradições historiográficas e o que era entendido como vanguarda da historiografia internacional.

A seguir, propomos quatro pontos centrais sobre os quais se pode iniciar o debate sobre o papel da história da historiografia nos primeiros anos de *Revista de História*.

1. A construção de uma memória disciplinar em torno aos *Annales*

Os laços com os historiadores franceses já haviam sido estabelecidos desde a "missão" que ajudou a fundar a USP, sobretudo com a atuação de Fernand Braudel e de Jean Gagé.[74] Ainda carecemos de um estudo sistemático que analise o efetivo peso desses ensinamentos e trocas nas práticas de pesquisa que pautaram as primeiras teses apresentadas no Departamento de História

---

[74] Rojas (2003); Micelli (1998); Novais (1994a). Para uma perspectiva de análise próxima da nossa no que se refere a essas questões, ver Rodrigues, L. (2015:277-296).

da USP na década de 1940. Se realizado, esse estudo poderia ser contrastado com a presença e as trocas com os historiadores franceses na *Revista de História* durante a década de 1950. O resultado seria possivelmente a constatação de que os laços com os intelectuais que giravam em torno do *Annales* se tornaram cada vez mais intensos com o passar dos anos, de modo que vão constituindo uma densa memória disciplinar. Isso não significa negar as trocas que efetivamente ocorreram entre brasileiros e franceses, mas atentar para o fato de que a disciplinarização na USP é composta de um forte fator de legitimação relacionado com a herança e com as trocas francesas. Para além dos casos mais evidentes, tais como o artigo de abertura da revista, "O homem do século XVI" (n. 1, 1950),[75] de Lucien Febvre, ou a "conferência" "As responsabilidades da história", de Braudel (n. 10, 1952), chama a atenção uma carta de Henri Berr, saudando a revista ("Uma carta de Henri Berr", por Eduardo d'Oliveira França, n. 12, 1952), bem como o obituário de Lucien Febvre, em 1956, publicado no número 28. Escrito por Braudel e seguido de comentário de Eurípedes em que reitera a importância da sua vinda ao Brasil em 1949 e seu lugar como renovador do "método histórico" e como fundador dos "*Les Annales*" ao lado de March Bloch.[76]

2. Disputas conceituais sobre teoria e historiografia

A intensidade das trocas e a velocidade na circulação das ideias não podem encobrir o fato de que o conhecimento produzido

---

[75] Ver também Febvre (1953).
[76] Braudel e Paula (1956:411). Também vale atenção a presença de outros historiadores europeus que são termômetros no discurso de renovação historiográfica, como Huizinga. Ver Rosenthal (1953).

na USP dependeu em muito de historiadores paulistas já consagrados como Alfredo Ellis Jr. e Afonso de Taunay.[77] Evidentemente, podem ser captadas tensões e contradições no que diz respeito às formas de se encarar o trabalho do historiador e seus recursos metodológicos. Apoiados na ideologia bandeirante, nenhum paulista, muito menos Ellis Jr., discordaria que as novidades técnicas deveriam ser descartadas. A universidade representava parte da locomotiva, do projeto paulista de liderar a nação. A questão é como cada um preenche essas expectativas. A concepção de Ellis Jr. sobre a "história ciência" parecia ainda profundamente ancorada no século XVIII; em suas palavras: "Não há a menor dúvida que a história é ciência, pois tem leis, se repete e é exata nas relações de causa e efeito" (Ellis, 1952:349).

Sobre a ideia estreita de historiografia, chama a atenção o debate entre Eduardo d'Oliveira França e José Honório Rodrigues em ensaio a respeito da publicação do *Teoria da história do Brasil*. França parece relativizar a hipertrofia do conceito de historiografia, mas reconhece a relatividade ou subjetividade do conhecimento; em suas palavras, "a historiografia fica assim na dependência da história. Ou, em outros termos, a história que se escreve depende estreitamente da história que se vive". Em outras palavras, a máxima de que não há história que não seja história contemporânea, já que a escrita da história está enredada no presente do historiador (França, 1951:122). Enfim, o historiador quer reconstituir objetivamente os fatos, sem "deles participar, mas não pode se livrar do subjetivo! Ao abrir o espírito aos fatos, ele os tinge de sua própria subjetividade" (França, 1951:123).

---

[77] Ver, por exemplo, Anhezini (2015).

Devem-se levantar perguntas sobre o uso e o comportamento do conceito de historiografia em historiadores portugueses, não pouco frequentes na *Revista de História*. Vitorino Magalhães Godinho, em 1955, também segue a mesma tendência ao advogar em prol do presente ecoando a reflexão de Lucien Febvre: "o homem que quer fugir às realidades de sua vida, que abdica de ser cidadão, vai buscar na poesia dos arquivos a cômoda tranquilidade, o deleite irresponsável, e não o instrumento ao serviço de uma vida vivida na sua época. Não é isto a história"; afinal, "a história não é o passado a arrastar-se, nem é a evasão do presente. A história, porque é compreensão da marcha dos homens através do tempo, da marcha de todos os homens, com todas as suas aspirações, os seus anseios, os seus fracassos, as suas vitórias, a história é a liquidação do passado" (Godinho, 1955:21).

Fidelino Figueiredo utiliza o termo historiografia para definir uma gama de estudos históricos praticados em Portugal desde o século XIX (seu artigo trata da historiografia portuguesa no século XX). Em suas palavras:

> O trabalho historiográfico íntegro é inevitavelmente ciência, arte literária e avaliação filosófica. Predomina a atitude científica nas operações analíticas ou na fase heurística; predomina a atitude artística e valorativa nas operações sintéticas ou na fase em que se constrói e transmite a visão final do historiador. O investigador histórico principia por escolher e inventariar os seus materiais documentares e bibliográficos. Em muitos casos, nas suas explorações limiares, tem de remontar a tarefas de arquivista e bibliógrafo. Deve, por isso, ser perito nas ciências auxiliares, as quais a respeito das épocas remotas usurpam um lugar excessivo na construção da história: filologia, paleografia, diplomática, sigilografia ou esfragística, epigrafia, numismática, iconografia, cronologia, heráldica, toponímia, bibliografia, etc. [Figueiredo, 1954:337].

A concepção de Fidelino do que define o trabalho do historiador (extraída de suas leituras dos "preclaros mestres" "Lacombe, Langlois e Seignobos, Bédier, Berr, Croce, Bourdeau, Bernheim, Altamira, Ballesteros e Garcia Villada") retoma muito da concepção oitocentista de história (o artigo começa, de fato, remontando a Alexandre Herculano). Pensar a história como uma prática entre a literatura, a ciência e a filosofia era lugar comum no século XIX, e a renovação iniciada na historiografia portuguesa no século XX (a partir da República, em 1910) não desfaz o debate, mostrando, talvez, a permanência de concepções oitocentistas na interseção com as práticas universitárias do século XX.

3. Preocupação com a educação, a didática e o ensino de história

Salta aos olhos a presença massiva de artigos sobre didática e ensino de história que vão para além da seção exclusiva, "Questões pedagógicas". Tal presença, no entanto, não pode ser considerada surpreendente, já que a principal função da universidade, como dissemos, não era formar pesquisadores mas sim professores de história e de geografia.[78]

Os tempos eram de discussões intensas ante as transformações do Brasil na década de 1950, período entre a Reforma Capanema (Decreto-Lei nº 4.244, de 9 de abril de 1942) e a Lei de Diretrizes e Bases, de 1961. O clima, portanto, era de reconhe-

---

[78] "A Faculdade de Filosofia visava à formação de professores para o ensino secundário e, como decorrência de suas próprias necessidades internas, a formação de docentes-pesquisadores. Se lido de forma estreita, o surgimento de pesquisas históricas na USP pode ser entendido como total oposição a padrões vigentes" (Capelato, Glezer e Ferlini, 1994:349).

cimento das insuficiências do ensino, ou melhor, de "crise do ensino secundário" conforme anunciado pela professora Amélia Domingues de Castro, assistente da cadeira de didática geral da FFCL/USP. Em suas palavras, em artigo sobre o ensino de história de 1955, "todos nós, creio eu, já discutimos a respeito da 'crise' do ensino secundário, que, convém acrescentar, parece-nos não ser exclusivamente um problema brasileiro". De modo geral, as principais críticas a esse respeito referem-se à inadequação do curso secundário às necessidades da vida moderna, à discrepância entre as finalidades explícitas daquele curso e seus resultados reais, ao baixo nível de instrução obtida por meio dele (o que se reflete no fracasso dos exames vestibulares às faculdades).[79]

Sugestão oposta pode ser captada na publicação da conferência pronunciada em setembro de 1936 no Instituto de Educação por Fernand Braudel. O jovem professor francês se endereçava a um professor brasileiro imaginário, dramatizando as mediações para se comunicar com os estudantes diante da história europeia e dos guias e manuais disponíveis, como os textos de Pirrenne e Lavisse. A questão tratada era a de como se poderia constituir "uma pedagogia brasileira, pelo menos em relação a alguns de seus aspectos, não só no que se refere à minúcia, como também no que diz respeito ao geral" (Braudel, 1955:20). Devido à urgência daqueles tempos, o aluno teria uma tendência de atualizar a história, portanto, de enxergar os ensinamentos como contendo dispositivos que regulassem a conduta cívica atual. Braudel recomenda explicitamente que o professor deveria "desatualizar" (Braudel, 1955:14) a história para o aluno,

---

[79] Em suas palavras: "Isto que parece um tanto vago, não se separa do que foi visto anteriormente, mas completa-o: formar o cidadão do mundo e de um dado país, orientar seu julgamento ético e político fazem parte das funções da História" (Castro, 1955:257).

afinal, eram tempos de mudanças sem precedentes; em suas palavras, "vivemos em uma época cheia de inquietações. Vossas conversações como as minhas têm essa mesma ressonância. E todas as manhãs o jornal deslizando à porta de casa como um torpedo. Em torno de nós gira o tempo como um fragor que nunca teve" (Braudel, 1955:14). A essa questão se entrelaçava o problema das diferenças culturais entre o Brasil e a Europa. Nesse sentido, "é necessário afastá-los da realidade ambiente sempre que ela se oponha à do ambiente que descreveis, e, aproveitá-la, ao contrário, quando ela se apresente semelhante ao passado"; enfim não se poderia julgar "a história do mundo senão através da história de seu país" (Braudel, 1955:20). O ponto de vista, portanto, é o do desejo da civilização enquanto ideal, arremeta Braudel, "o Brasil é uma Europa" (Braudel, 1955:21).

Outro aspecto fundamental analisado por Braudel que une o ensino e a teoria da história em um conjunto unitário de preocupações é o problema da imparcialidade. Em palavras fantasmagoricamente atuais, de tempo de discussão de "escola sem partido":

> Esquivo-me, ainda, de vos recomendar essa imparcialidade em que insistem mil vezes, como indispensável à nossa profissão e ao nosso ensino. Desde logo desagrada-me o termo: ser imparcial, em sentido restrito, é não tomar partido. Ora, é preciso que tomeis partido, em meio das dificuldades e controvérsias que são próprias do ofício, como também é mister que aceiteis vossas responsabilidades com vigor e mesmo com alegria. Na verdade o que vos pedem, em nome da imparcialidade, é não tomar partido antes do conhecimento e do exame dos fatos, para vos decidirdes com inteira probidade, com toda lealdade. Direis, então: Esta conclusão é provisória, frágil por tal motivo, ou, ainda, vejo as coisas assim, mas é possível outro caminho, que aqui está... [Braudel, 1955:4].

O debate a respeito do tema é complementado por Emilia Viotti da Costa no seu possivelmente primeiro artigo na revista: "Os objetivos do ensino da história no curso secundário", de 1957. Viotti da Costa baseava seu pensamento em dois pontos: o primeiro era a determinação diáletica entre presente e passado, "a vida flui, o presente hoje é passado amanhã. O presente resulta do passado. A chave do presente é a História" (Costa, 1957:120). O segundo, que parece discordar dos termos de Braudel sobre o Brasil, era o de afirmar certa especificidade nacional como pressuposto da produção de conhecimento crítico local. Segundo Viotti, o

> essencial para a educação é o conhecimento seguro dos seus objetivos. Afirmação que pareceria banal e inútil se não estivéssemos constantemente assistindo a novas reformas que visam o curriculum, ou os programas das várias matérias, copiando fórmulas estrangeiras e esquecendo o princípio básico da educação [Costa, 1957:117].

4. Construção de uma tradição especializada: a historiografia brasileira na *Revista de História*

Como já tratamos neste livro em diversos casos, o falar sobre a historiografia brasileira, elegendo antecessores, modelos a serem seguidos ou rejeitados, se constitui em uma forma de afirmação e legitimação do fazer disciplinar. Não faltam nesse sentido na *Revista de História* análises sobre a historiografia brasileira. Assim como já havia aparecido na prosa de Sérgio Buarque de Holanda, a figura de Capistrano de Abreu como o "precursor da historiografia brasileira" cientificamente renovada é central. Essa imagem aparece reforçada em artigos como o texto bastante convencional no sentido panegírico da professora assistente da cadeira de história da civilização brasileira, Mafalda Zemella, de 1954.[80] Também aparece no primeiro texto de José Honório Rodrigues à revista, de 1957, quando anunciava a descoberta de novas cartas de Capistrano (enquanto prepara a edição da correspondência completa) ao padre Luís Gonzaga Jaeger. A "matéria dominante" era "etnográfica e linguística", mas no texto escapavam também comentários desconhecidos sobre a reedição da *História geral* de Varnhagen (Rodrigues, 1957a:80). Nas palavras de José Honório: "O autor é de um descuido que se parece bastante com relaxamento. Por aí se vê que Capistrano corrigiu muitas inadvertências e equívocos de Varnhagen, sem censurá-lo em suas notas" (Rodrigues, 1957a:80-81). Igualmente significativa é a forma como José Honório analisa o trabalho de Afonso de Taunay, de 1958. O prestígio de Taunay podia ser medido inclusive internacionalmente;[81] o autor havia construído um "mundo novo" a partir de um ímpeto revisionista do cânone estabelecido por Varnhagem (entendido como "rever os grandes quadros históricos já construídos, corrigindo, acertando, acrescentando, atualizando").[82] No que concernia à história das bandeiras, encontra em "Capistrano seu teórico, e em Taunay o executor" (Rodrigues, 1958:98).

Mas talvez o epicentro da reflexão sobre o pensamento ou a historiografia "brasileira" na *Revista de História* resida no pro-

---

[80] "Em Capistrano, quão longe estamos desse amontoado de fatos e nomes, ordenados mais ou menos cronologicamente! Em sua obra, que diferença! Na sua história vibra e palpita a alma do povo brasileiro. Nela há raciocínio e lógica. Nela há interpretação e crítica" (Zemella, 1954:4).
[81] Menciona reunião de 1944 da American Historical Association em Chicago em que esteve presente e que concedeu o título de "membro honorário" da associação a Taunay (juntamente com historiadores como Huizinga) (Rodrigues, 1958:97).
[82] "O capítulo de Varnhagen sobre as bandeiras era pífio: Garcia tentou atualizá-lo" (Rodrigues, 1958:105).

jeto intelectual ambicioso do professor de filosofia João Cruz Costa. Na avaliação do seu trabalho, seria importante preliminarmente entender as implicações de uma "história das ideias" brasileira, inclusive colocando em perspectiva transnacional o conceito já que teve justamente um florescimento na década de 1950. Relegado a uma posição periférica em seu departamento justamente por rejeitar os grandes temas "universais" canônicos do saber disciplinar filosófico (Arantes, 1994:90), Cruz Costa encontrou na *Revista de História* terreno para lançar os vários ensaios que compõem a constelação em torno da obra *Contribuição à história das ideias no Brasil* (1956).[83] Cruz Costa procurava transformar a tópica da "importação de ideias" (nos termos dele próprio) e da "falta de seriação" (Sílvio Romero) que vem cristalizada desde a crise do Império em objeto de análise da história das ideias no Brasil. Em suas palavras:

> Diante de nós surgia o modelo europeu mas, por certo, existia também alguma coisa mais que era mister não esquecer. Era como que uma experiência nova, uma experiência resultante do encontro tumultuoso de ideias elaboradas em meios em que a cultura fora já profundamente trabalhada pela história, com as condições de vida de "nações" novas, há pouco saídas do estado colonial. Já nos inclinávamos então — e pouco a pouco essa ideia se vai formando e fixando no nosso espírito — a crer que, do reflexo das culturas de importação nunca resulta propriamente uma simples imitação do modelo, mas uma reelaboração dos dados recebidos que produzem frutos curiosos, resultados que são de contingências histórico-sociais senão completamente, ao menos em parte, bastante diversas daquelas que lhes determinaram o aparecimento do outro lado do Atlântico [Costa, 1954:179].

---

[83] Resenhado por Ivan Lins comentando em artigo exclusivo sobre a crítica de Cruz Costa ao padre Antonio Vieira, no n. 27, de 1956.

A história das ideias do Brasil ainda continua a reproduzir os traços indicados por Mário de Andrade na curiosa figura que é Macunaima [...] — que a tantos irrita — anda, porém, por aí, herdeiro livre que é de todas as ideologias, imitando-as, deformando-as, adaptando-as, afeiçoando-as... Desafia esquemas e interpretações porque, com certeza, possui uma que se esconde num mundo de contrastes que é difícil de apreender e mais ainda de caracterizar [Costa, 1954:185].

Seguindo tendência estabelecida por Mário de Andrade e continuada na universidade por Sérgio Buarque de Holanda e Antonio Candido, Cruz Costa identificava o papel missionário do conhecimento universitário e das profissões como capaz de estabelecer uma nova dinâmica mais autônoma para o "pensamento brasileiro".

Alguns dos primeiros manuais formadores e o desafio de ensinar teoria da história e historiografia brasileira

Alguns dos manuais de metodologia da história seminais na sedimentação do campo são filhos da *Revista de História*.[84] Referimo-nos especificamente à *Introdução aos estudos históricos* de José Van Den Besselaar, professor da PUC São Paulo, publicado em 1958 (Besselaar, 1958), que saiu em diversos volumes na revista de história entre 1954 e 1958 (números 20 a 31 e 35); e à *Iniciação aos estudos históricos*, de Jean Glenisson, publicado em 1961, pela Difel, e com colaborações de Pedro Moacyr Campos e Emília Viotti da Costa (com orelha de Cruz Costa). No primeiro livro, ecoa a organização canônica de Droysen, filtrada

---

[84] Para uma perspectiva mais ampla do desenvolvimento da historiografia no período, ver Franzini e Gontijo (2009:141-160).

por Langlois e Segnobos (com seções como "heurística", "crítica histórica", "ciências auxiliares", "a síntese histórica" etc.).[85] A partir da parte IV, o autor se enfronha pela filosofia da história, com enfoque na questão do sentido da história, que é contrastado em sua acepção bíblica, antiga e moderna aproximando-se, portanto, da tradição da crise do historicismo de Troeltsch, Meinecke e Löwith.[86]

Para efeitos desta análise, levaremos em consideração o texto sobre historiografia brasileira contido no livro de Jean Glenisson, escrito por Pedro Moacyr Campos e publicado no mesmo ano de 1961 na *Revista de História* (Campos, 1961b). O livro fora resultante de sua experiência como professor da cadeira recém--criada de "metodologia e teoria da história" (Roiz, 2012:43) entre 1957 e 1958. Pedro Moacyr Campos foi aluno de Eurípedes Simões de Paula e um de seus primeiros assistentes na cadeira de história da civilização antiga e medieval. Segundo

---

[85] BESSELAR, José Van Den. Introdução aos estudos históricos IV. *Revista de História*, n. 24, p. 512, 1955, e, do mesmo autor Introdução aos estudos históricos V. *Revista de História*, n. 26, p. 493-508, 1956; e na mesma edição ver ainda o capítulo terceiro, "Da teologia à filosofia da história", p. 509-520; além da continuação de número VI na *Revista de História*, n. 27, p. 184-228, 1956. Ver também "A interpretação cristã da história V", no n. 26, 1956, da *Revista de História*. A continuação VII, publicada no n. 29, trata do sentido da história no mundo burguês moderno, indo até os pressupostos da crise da razão (incluindo a historiografia de finais do XIX e início do XX como Burckhardt, Huizinga e Nietzsche.

[86] Nas palavras do autor, "a história estuda os atos humanos sob o seu aspecto temporal, como acontecimentos sucessivos de um processo genético, — por outra — estuda-os sob o aspecto do fieri, do 'devir' ou vir a ser. Tem por objeto casos concretos, únicos, irrevogáveis e irreversíveis. [...] 'situações' históricas são únicas. Contudo, o nosso espírito está sempre em busca da unidade, não da unicidade, escapando-lhe o caso concreto e individual. É nossa constante preocupação criar certa ordem nos fenômenos múltiplos e variados, ou seja sistematizar. O sistema torna-nos compreensível o que antes parecia desordenado e confuso: ordo est untas multitudinis. Também a história não pode esquivar-se a essa exigência do espírito humano: também ela vê-se obrigada a valer-se de abstrações" (Besselaar, 1954:433-434).

Eduardo Henrik Aubert, Campos "investiu estritamente numa fundamentação *intelectual* da História Medieval, no que ele se opõe de maneira muito clara a Eurípedes Simões de Paula, cujo projeto era fundamentalmente pragmático local e universal" (Aubert, s.d.). Ainda segundo Aubert, esse projeto prescindia de uma preocupação com as fontes (disponibilidade, critérios de análise etc.), Campos se apoiava em uma formação teórica marcadamente idealista de matriz neokantiana e existencialista (Aubert, s.d.:5).

Campos também teve um interesse notável pela história e historiografia do Brasil, tendo escrito diversos textos a respeito ao longo da vida. Além de ter coeditado, juntamente com Sérgio Buarque de Holanda, a série *História geral da civilização brasileira*, pela mesma Difel, cujo primeiro volume saía também no ano de 1961. Essa ligação entre história medieval e história do Brasil se vinculava a convicções orgânicas já expressas em artigo de 1954 da *Revista de História*, acerca de "O estudo da história na faculdade de filosofia". Nele, Campos defende que é impossível falar de história do Brasil sem termos em mente uma "História Geral" (Campos, 1954:493); era necessário pensar a história do Brasil como produto da história da civilização europeia. Em suas palavras, a

> história geral tem como uma de suas missões a de assistir-nos, não só no esforço de busca, mas também no de preenchimento de nossa posição. Compreendida a questão desta maneira, parece-nos que dificilmente encontrar-se-ia um ramo de estudos ao qual se pudesse atribuir um papel ao mesmo tempo tão bonito e tão relevante [Campos, 1954:500].

Certamente o pensamento histórico poderia contribuir no desenvolvimento de laços e perspectivas de continuidade. Assim escreve seu "esboço" de história da historiografia brasileira no seu último século e meio em um momento no qual, segundo ele, "Pouco a pouco [...] manifestam-se os sinais de uma renovação dos estudos de história no Brasil" (Campos, 1961:107). Essa renovação se devia principalmente a uma mudança fundamental, para o autor, no pensamento histórico brasileiro: a percepção (pois para Campos era um fato que se descobria, mais do que uma interpretação que se propunha) de que o Brasil "situa-se no grande complexo comumente designado como civilização ocidental" (Campos, 1961:107). A "renovação" da historiografia brasileira se dava por uma postura, por parte dos historiadores, determinadamente contrária ao isolamento do Brasil como objeto histórico, a seu tratamento enquanto entidade histórica autônoma, quando de fato se ligava à história europeia, ou ocidental. O início da formação do Brasil, por exemplo, afirma Campos, não se deve às grandes navegações, mas à Idade Média europeia, onde se forjaram as instituições transplantadas para a América portuguesa. *Visão do paraíso*, de Sérgio Buarque de Holanda, seria talvez a expressão máxima dessa consciência ocidental do Brasil. O livro aparece citado no início do artigo, na segunda página, e no parágrafo conclusivo. Pedro Moacyr era, no momento em que escreve o artigo, professor adjunto da cadeira de história da civilização antiga e medieval da Faculdade de Filosofia, Ciências e Letras da Universidade de São Paulo, cadeira que por si só tem sentido em um currículo de história no Brasil se a história *do* Brasil for entendida como parte da civilização ocidental, da cultura que remonta à antiguidade e ao medievo indo-europeus.

A história da historiografia que Campos traça acaba por ser uma história dessa tomada de consciência. Campos parte do autor mais significativo, em sua visão, da historiografia brasileira anterior ao século XIX, Sebastião da Rocha Pita (1660-1738), autor de *História da América portuguesa* (1731). Rocha Pita seria o autor mais significativo em razão de sua repercussão no século XIX: por um lado, sua interpretação "nativista" (Campos utiliza o termo em outro momento do texto, mas nesse sentido), isto é, sua exaltação da natureza e do Brasil ressoaria no IHGB, em particular na corrente indianista. Por outro lado, o inglês Robert Southey (primeiro autor-marco da história da historiografia de Campos) buscará uma história em contraponto à de Pita (embora com algo da exaltação da paisagem brasileira). Southey, levando o Brasil ao romantismo britânico, e o naturalista alemão Martius seriam comprovação da tese de Campos: a história (e a historiografia) do Brasil pertencem à cultura ocidental. O argumento assemelha-se ao de Alcides Bezerra, como vimos anteriormente.

Campos elege alguns marcos para seu esboço: Robert Southey fornece um "primeiro modêlo" (Campos, 1961:122) de história do Brasil, configurando um primeiro período para essa historiografia, de 1810 a 1843. O segundo marco é o Instituto Histórico e Geográfico Brasileiro, ao qual Campos dedica grande espaço, importante pela pesquisa documental, mas ainda preso, em larga medida, a uma história nativista, que via o Brasil como realidade histórica autônoma (embora já apareçam sinais de uma integração à cultura europeia, sobretudo na influência francesa sobre o IHGB). Karl Philip von Martius, e seu texto sobre "Como se deve escrever a história do Brasil" (1844), também é destacado, com Campos inclusive defendendo-o das críticas de Sílvio Romero. O grande autor do século XIX é Varnhagen, "uma mudança no panorama historiográfico do país" (Campos, 1961:130). Campos alterna autores e instituições (IHGB) com temas, dedicando espaço à historiografia regional no Brasil do século XIX, além de tratar dos autores estrangeiros do período que escreveram sobre o Brasil.

Mas é a partir de Capistrano de Abreu, um "novo marco" na história (Campos, 1961:135), que a tese de Campos começa a ganhar força (e forma). Campos delineia a biografia de Capistrano, utilizando-se fartamente do material disponibilizado seja pela Sociedade Capistrano de Abreu, seja por José Honório Rodrigues: os *Ensaios e estudos*, conjunto de escritos esparsos de Capistrano, e, principalmente, a *Correspondência* de Capistrano, fonte muito elogiada por Campos. O autor passa por um dos principais debates na bibliografia sobre Capistrano, a influência do pensamento alemão sobre o historiador cearense. Para Campos, Capistrano não tinha nenhum pré-juízo em favor da cultura alemã, pelo contrário, buscava livros e revistas "de todos os cantos do mundo ocidental". Capistrano era, para Campos, "um legítimo ocidental" (Campos, 1961:141).

Sua obra dá início a uma nova fase da historiografia brasileira, com autores de "espírito aberto para a cultura europeia" (Campos, 1961:148). A importância de Capistrano deve ser enfatizada ao adentrarmos a fase que de fato trará a "renovação" de que fala Campos no início do texto: o "modernismo".

> Eis por que devemos voltar a Capistrano de Abreu, a fim de passarmos a nova etapa dos estudos de história do Brasil: ao esforço, agora, de final ruptura do isolamento no campo histórico, de se atingir aquilo que — com as reservas exigidas por tal expressão — correspondesse mais de perto a uma realidade histórica brasileira [...]. É o que nos leva à liquidação da progênie de Rocha Pita, ao movimento modernista e à fundação da Universidade [Campos, 1961:148].

Capistrano é o marco do movimento que supera o nativismo presente desde Rocha Pita, e rejeita o isolamento do Brasil na história do mundo. A inserção do Brasil na cultura ocidental não é escolha arbitrária: apenas assim se chegará mais perto da "realidade histórica brasileira", por mais problemática que seja a expressão. A história e a historiografia do Brasil pertencem à cultura ocidental, e só estabelecido esse nexo essa história poderá ser estudada em toda sua complexidade (novamente, argumento já existente em Alcides Bezerra).

Tal inserção do Brasil na cultura ocidental faz parte do "modernismo", e a criação das universidades é associada por Campos à efervescência causada pelo movimento modernista. Os cursos de história no Rio de Janeiro e em São Paulo trazem professores franceses, e é a história "ministrada segundo moldes europeus" que provê os "fundamentos" de "uma moderna historiografia brasileira". Agora "se principiava a ver o Brasil como uma parte do mundo ou, ao menos, do Ocidente" (Campos, 1961:153).

Campos, que já havia escrito sobre o curso de história da Faculdade de Filosofia, Ciências e Letras da Universidade de São Paulo, em artigo de 1954 citado no "Esboço", lista os aspectos positivos dos estudos de história da USP, de periódicos e associações a publicações que estariam renovando a face dos estudos históricos no Brasil. Menciona ainda o interesse que o Brasil vinha despertando em historiadores estrangeiros. O autor que simboliza definitivamente essa mudança é Sérgio Buarque de Holanda.[87]

---

[87] "Finalmente, na obra de Sérgio Buarque de Holanda, discernem-se os frutos da inquietação intelectual brasileira, atribuindo-se ao país um belíssimo lugar na história das aspirações de todo o mundo ocidental, quiçá da humanidade. Não deixa de ser simbólico o fato de ter ele partido de um exame das *Raízes do Brasil*, em 1936, para chegar à *Visão do Paraíso*, em 1959. Pois, na verdade, somente através do empenho em busca da realidade brasileira é admissível a nossa integração histórica no plano ocidental, e somente rompendo o vício de considerar-se a história do Brasil como um compartimento estanque e isolado atingiremos, por seu intermédio, a realização de um ideal verdadeiramente humano, universalmente humano" (Campos, 1961:159).

Sérgio Buarque, em "O pensamento histórico no Brasil nos últimos 50 anos" (1951), apontara, como já destacamos, ao menos dois pontos que reaparecem no "Esboço" de Campos: a importância de Capistrano de Abreu para a historiografia brasileira desde o início do século XX, e dos professores franceses que vieram lecionar nos cursos de história no Rio e em São Paulo. Campos também já pode se apoiar em referência que vai se tornando básica para a história da história no Brasil e a historiografia brasileira em meados do século XX: José Honório Rodrigues, citado como referência para o leitor que buscasse uma visão mais completa dessa historiografia.

O "Esboço" seria reproduzido como capítulo na *Introdução aos estudos históricos*, obra dirigida por Jean Glénisson, que seria publicada em 1961. Sua história da historiografia dos séculos XIX e XX seria integrada à bibliografia básica dos estudos introdutórios de teoria e metodologia da história, ao menos em São Paulo. O que o "Esboço" apresentaria aos estudantes, como vimos, é a história da evolução (a narrativa é consideravelmente linear e, quiçá, teleológica) do pensamento histórico brasileiro, de uma concepção nativista e isolacionista da história brasileira à sua compreensão como parte da cultura ocidental.

É digno de menção que a definição do que é a "historiografia brasileira" é um dos eixos fundamentais do Encontro Internacional de Estudos Brasileiros. I Seminário de Estudos Brasileiros, realizado no Instituto de Estudos Brasileiros (IEB) da Universidade de São Paulo, em 1971, que teve seus *Anais* publicados em 1972. Nesse encontro, Francisco Iglésias defende que "uma história da historiografia brasileira deve ser o estudo dos livros que já se escreveram sobre a História do Brasil. Trata-se, portanto, de exame de obras elaboradas, não de documentos"; por isso, "o problema preliminar que a elaboração do roteiro de uma historiografia apresenta é o de delimitar o campo". Iglésias ainda salienta que "Na verdade, historiografia é uma obra de História, um escrito de natureza histórica. Impõe-se a palavra historiografia, uma vez que a palavra História é muito ambígua, por ser tanto referência ao acontecimento como sua reconstituição em livro". Iglésias debate, aqui, com Alice Piffer Canabrava, responsável por abrir os trabalhos da seção de História do Encontro com um "Roteiro sucinto do desenvolvimento da historiografia brasileira", em que optou por incluir textos como a *Carta* de Caminha, além de crônicas relações, entre outros, que formam, segundo Iglésias, "o imenso material de que se serve o historiador, mas não é historiografia". Porém, Iglésias acaba por concordar com a opção de Canabrava, já que "Em sentido severo, pois, o largo período de trezentos anos daria poucos títulos".[88]

Alice P. Canabrava estabelece uma narrativa que aponta para o aparecimento da "moderna historiografia brasileira". Capistrano de Abreu seria o marco de transição entre os "empíricos", como define Canabrava, e os "modernos". A historiografia "moderna" é assim definida por Canabrava: "O que distingue a *moderna* historiografia brasileira das tendências que a precederam é a compreensão de uma História colocada no centro das ciências do Homem e no universo da História geral" (*Anais*..., 1972:7, grifo no original).

Uma historiografia integrada ao conjunto das ciências humanas (em posição central, ressalte-se) e uma história nacional integrada à história geral formam a historiografia *moderna*. Se compreendermos a história geral como essencialmente a história eurocêntrica, ocidental, a proposição de Canabrava não se distanciaria muito da de Pedro Moacyr Campos. O debate levantado por Francisco Iglésias, a respeito do que considerar

---

[88] *Anais*... (1972:22-25). Sobre esse encontro e "algumas concepções de historiografia e das formas possíveis de história da historiografia delineadas ao longo dos anos 1970", ver Gontijo (2015).

como parte de uma história da historiografia brasileira, ganha mais importância quando consideramos que o seminário ocorre num momento (1971) de debates a respeito dos currículos de história, e do lugar da história da historiografia como disciplina, articulada às disciplinas de teoria e metodologia da história. Veremos, no próximo capítulo, as propostas de José Honório Rodrigues a esse respeito, as experiências de alguns cursos de história no Brasil (a partir da década de 1940) com a inclusão dessas disciplinas no currículo e os debates a respeito ocorridos na Anpuh, a partir da década de 1960.

De volta ao começo: como se deve escrever a história do Brasil no projeto *História geral da civilização brasileira* (1961-1972)

Em 1961, mesmo ano em que publicava a *Iniciação aos estudos históricos* de Jean Glénisson e Pedro Moacyr Campos, a Editora Difusão Europeia do Livro (Difel) publicou o primeiro volume da *História geral da civilização brasileira* (a partir de agora, HGCB). Também nessa empreitada se nota a presença de Pedro Moacyr Campos que, mesmo sendo professor de história medieval, foi seu coautor. A relação entre ele e o editor Jean-Paul Monteil já estava estabelecida, afinal Campos foi também tradutor da *História geral das civilizações*[89], dirigida por Maurice Crouzet. Além de homem de confiança, a presença de Moacyr Campos também conferia senso de continuidade às duas coleções.[90]

---

[89] Crouzet (1955-1958). A *História geral das ciências* de Rene Taton (1959-1967) também acabara de ser publicada.
[90] Ver Holanda (1961: t. I, v. 1, p. 7); Fausto (1988); e Caldeira (2002:46-47).

O lançamento dos volumes, ocorrido ao longo dos anos 1960 e no início da década seguinte, está em consonância com o surgimento dos programas de pós-graduação, com a proliferação de novas universidades e com a atuação sistemática de instituições de fomento a pesquisa na área de humanidades (Dias, 1994:273). No quadro seguinte oferecemos uma visão de conjunto dos sete volumes publicados entre 1961 e 1972.[91]

	Tomo I — A época colonial	Tomo II — O Brasil monárquico
Volume	1. Do descobrimento à expansão territorial (1960)	1. O processo de emancipação (1962)
	2. Administração, economia, sociedade (1960)	2. Dispersão e unidade (1964)
		3. Reações e transações (1967)
		4. Declínio e queda do Império (1971)
		5. Do Império à República (1972)

Foge aos objetivos deste item compreender qual é a relação entre esse projeto editorial e o estabelecimento da cultura acadêmica universitária em história e ciências sociais. Gostaríamos de chamar a atenção aqui para um ponto específico: o predomínio do tema Brasil império, com cinco volumes que cuidam de diferentes aspectos em um período de tempo correspondente a aproximadamente 80 anos. Sobre o período colonial, cuja

---

[91] As categorias que organizam a coleção são, hierarquicamente, tomos, volumes, livros e capítulos. Os tomos estabelecem a divisão principal da coleção, entre Brasil colônia e império. Os volumes, por sua vez, incluem livros que tratam de temas com certa dose de autonomia, e estes incluem os capítulos.

abrangência cronológica é de ao menos 300 anos, são dois volumes. O epicentro do conjunto é o texto "A herança colonial — sua desagregação" (Holanda, 1972: t. II, v. 1, p. 9-39), de autoria de Sérgio Buarque de Holanda. Dentro da coleção, o texto faz a ponte entre a "Época Colonial", tema do tomo I, e "Brasil Império", tema do tomo II. *Grosso modo*, o texto se apoia na ideia de um processo de emancipação brasileira cujo início se acelera por volta de 1808, com a vinda da família real portuguesa ao Brasil, e seu término é em 1831, com o fim do Primeiro Reinado.

Existe uma relação entre a estruturação da *HGCB* e as transformações que procuramos compreender melhor neste livro, que observamos no paulatino predomínio do termo "historiografia" em detrimento da "história"? Apesar de não detectarmos no "A herança colonial — sua desagregação" qualquer uso explícito do termo "historiografia", defendemos que a estrutura do texto é profundamente baseada nos mesmos fundamentos que permitem diferenciar "história" da "historiografia". Afinal, o que marca o texto publicado em 1961 é a preocupação em desnaturalizar a emergência da nação brasileira como um evento inevitável e teleologicamente pressuposto desde o "descobrimento". Nas palavras de Sérgio Buarque de Holanda, ao abrir o capítulo:

> Não parece fácil determinar a época em que os habitantes da América lusitana, dispersos pela distância, pela dificuldade de comunicação, pela mútua ignorância, pela diversidade, não raro, de interesses locais, começam a sentir-se unidos por vínculos mais fortes do que todos os contrastes ou indiferenças que os separam e a querer associar esse sentimento ao desejo de emancipação política. No Brasil, as duas aspirações — a da independência e a da unidade — não nascem juntas e, por longo tempo ainda, não caminham de mãos dadas. As sublevações e as conjuras nativistas são invariavel-

mente manifestações desconexas da antipatia que, desde o século XVI, opõe muitas vezes o português da Europa e o do Novo Mundo. E mesmo onde se aguça a antipatia, chegando a tomar colorido sedicioso, com a influência dos princípios franceses ou do exemplo da América inglesa, nada prova que tenda a superar os simples âmbitos regionais [Holanda, 1972: t. II, v. 1, p. 9].

Assim, o desejo de independência e aspiração de unidade não podem ser igualados, pois "não nascem juntas [independência e unidade] e, por longo tempo ainda, não caminham de mãos dadas". Esse exercício abre as portas para se compreender que a unificação nacional foi o resultado de uma luta travada durante todo o período monárquico e o principal condicionante de sua dinâmica política, tema que será objeto de várias reflexões ao longo do desenvolvimento da coleção, em especial, com o "Da Monarquia à República", volume inteiramente escrito por Sérgio Buarque. O conceito mobilizado é o de "nação", que tende a ser articulado historicamente, de modo que a nação brasileira não é um dado pronto desde o descobrimento do Brasil, mas se constrói historicamente — em diversos níveis, a ideia de nação vai sendo socialmente produzida ao longo do século XIX. Por isso, o plano da obra dedica tantos capítulos e volumes ao período.

A visão da nação de forma não teleológica acaba se transformando em um signo distintivo da cultura universitária produzida no bojo da Universidade de São Paulo entre as décadas de 1950 e 1970. Esse mecanismo implica uma visão em que a *história do Brasil* é vista como *historiografia do Brasil*. Seguindo a senda aberto por Manoel Bofim e Capistrano, Sérgio Buarque de Holanda, Caio Prado Jr., Antonio Candido e tantos outros desenvolvem a ideia de que o Brasil, como nação, vai sendo progressivamente gestado a partir das revoltas do final do século XVIII e sobretudo com a vinda da família real, em 1808. Assim como ocorre na estruturação da segunda edição de *Raízes do Brasil*, a estrutura administrativa, a sociedade e culturas da colônia operam como uma espécie de resto, de herança que vai paulatinamente sendo incorporada na burocracia do novo Estado. Portanto, a missão do historiador passa a ser desvendar o vir a ser da nação em sua historicidade e não projetando a nação como dado ou realidade transcendental.

Isolar esse padrão, essa ferramenta diretamente relacionada com o conceito de "historiografia" contribui para compreendermos o enraizamento social e político dessa visão de nação. Também permite compreender melhor por que certos autores foram, em alguma instância, banidos do cânone da historiografia universitária brasileira de matriz uspiana. Afinal, muitos dos autores de histórias mais ou menos "gerais" do Brasil sequer são pouco mencionados ou são deliberadamente ignorados, tais como Pedro Calmon, Nelson Werneck Sodré e mesmo, em certa medida, o autor de uma história da historiografia do Brasil, José Honório Rodrigues. Nos anos 1950 e 1960, a escrita da história do Brasil pós-especialização universitária estava ainda em franca disputa, e o projeto de uma *HGCB*, pelo menos no que diz respeito à produção de certa identidade com a cultura universitária, acaba se tornando hegemônico, no sentido de se tornar uma referência em suas interpretações e perspectivas historiográficas em múltiplos planos.

Restituir algumas tensões, conflitos e disputas ajuda a compreender, portanto, que o que estava em jogo era "como se deveria escrever a história do Brasil depois da universidade". Essa grande questão não envolve apenas o mecanismo de historicização da nação brasileira, mas também se desdobra em debates que envolvem várias questões antigas como a periodização e os marcos iniciais. Para citar um exemplo, lembramos que a *HGCB* reforça a preferência pelo padrão estabelecido por Capistrano de Abreu em começar a história do Brasil pelo território e populações pré-cabralinas.[92] Não custa lembrar que essa escolha de Capistrano estava longe de ser hegemônica nas narrativas históricas do período republicano. João Ribeiro, por exemplo, em sua *História do Brasil* para o ensino superior (publicada em 1900), abre a narrativa com a seção "O Descobrimento", cujo primeiro capítulo intitula-se "Os dois ciclos dos grandes navegadores"; procura as razões da expansão marítima portuguesa e os ciclos de navegação que tocaram a costa (futuramente) brasileira.

---

[92] Há pelo menos um indício de essa não ter sido sempre a escolha de Capistrano. No periódico *Gazeta Literária* (Rio de Janeiro, a. II, n. 20, 24 nov. 1884, p. 377-380), Capistrano publicou apenas a primeira parte de um "Programa de história do Brasil", ao que parece, um plano para uma narrativa calcada nas fontes primárias. Segundo a descrição de Hélio Viana, "O capítulo I (e único) [do "Programa"] intitula-se 'O impulso para Oeste e Sul'. Citando Mommsen, Ritter, Rafir, Major, Harrisse, Joaquim Caetano da Silva e Peschel, trata das civilizações do Mediterrâneo, dos normandos, dos ingleses, franceses e holandeses como navegadores e, afinal, da Espanha e dos árabes. Interrompeu a explanação quando ia tratar dos portugueses" (Viana, 1955:25-26). Portanto, esse plano para a história do Brasil não colocaria como seu ponto de partida os "antecedentes indígenas", mas a história europeia.

CAPÍTULO 5

A "historiografia" e caminhos para a consolidação da profissão de historiador (anos 1960-1970)

Propomos neste capítulo uma reflexão sobre a consolidação, no Brasil, da história da historiografia como disciplina. Para tanto, partiremos dos argumentos de José Honório Rodrigues (1913-1987) no que se refere à institucionalização e à legitimação dessa disciplina. Assim, continuaremos analisando a consolidação da expressão *historiografia*, agora adentrando nas décadas de 1960 e 1970. Veremos que a consolidação das práticas encampadas pela *história da historiografia* se entrelaça de forma crescente com o desejo de organização de toda a disciplina da história. O período no Brasil é crucial, pois falamos de iniciativas como a organização dos cursos de história nas incipientes universidades criadas, da fundação da Associação Nacional dos Professores Universitários de História, em 1961 (Anpuh, hoje Associação Nacional de História), entre outras mudanças. A relação entre o interesse crescente pela historiografia e a consolidação da profissão de historiador, ou de professor universitário de história, está estabelecida pois *historiografia* permite um tratamento técnico e cuidadoso aos textos e documentos históricos, contribuindo, portanto, para diferenciar os graus de especialização de uma historiografia profissional. O capítulo é dividido em três partes: a primeira analisa a obra de José Honório Rodrigues; a segunda apresenta criticamente a reflexão de José Roberto do Amaral Lapa sobre a história da historiografia; e a terceira trata da história da historiografia nos incipientes currículos universitários.

Procuraremos relacionar o projeto de Rodrigues com outras propostas de instituição da disciplina de história da historiografia em currículos de ensino superior por parte de professores universitários de história, nas discussões registradas nos anais dos simpósios da Anpuh ao longo das duas primeiras décadas de existência da instituição, as décadas de 1960 e 1970. Nossa hipótese é que há uma íntima relação entre as propostas de Rodrigues e a introdução de disciplinas teoricamente orientadas nos currículos universitários, no sentido de que os propositores da história da historiografia como disciplina nos currículos tomaram a obra e a reflexão de José Honório Rodrigues como precursor, referência e bibliografia básica para a legitimação da disciplina reivindicada. Em um sentido restrito, queremos refletir historicamente, sem uma pretensão de sermos exaustivos, sobre a seguinte questão: quais as funções pedagógicas, políticas e epistemológicas da disciplina de historiografia nos anos 1950, 1960 e 1970?

Para Francisco Falcon, a produção historiográfica brasileira, a partir dos anos 1960, foi marcada por uma espécie de dialética entre a tradição e a inovação. Para o autor, a inovação remontava aos anos 1930 com a presença de professores franceses no país e com a publicação dos clássicos de Gilberto Freyre, Sérgio Buarque de Holanda e Caio Prado Júnior. Apesar disso, tanto no ensino como na pesquisa, as possibilidades de inovação demoraram cerca de duas décadas. Em fins dos anos de 1950, inovação e tradição tornavam-se polos das atividades do historiador. A renovação se deu por meio de uma "simbiose" entre a Escola dos *Annales*, com a tradição teórica marxista — podemos aí acrescentar trabalhos de outras áreas, sobretudo da sociologia —, porém, "a tradição continuou solidamente implantada em termos institucionais e, salvo raras exceções, era quem ditava currículos e leituras na esfera da graduação em História" (Falcon, 1996:9).

Assim, nos anos 1950 e 1960, viveu-se uma polarização entre professores, cursos e obras empiristas, informativos *versus* professores, cursos e publicações teóricas interpretativas. Nos anos 1970, fica nítido o embate entre os que possuíam uma concepção descritiva, narrativa ou factual de história e os que "preconizavam uma Nouvelle Histoire, em moldes annalistas; uma História estrutural, totalizante, crítica, mas inovadora em relação às fontes e, sobretudo, baseada em pressupostos teórico-metodológicos explícitos ou implícitos" (Falcon, 1996:10). Para Falcon, é só na década de 1980 que começou a haver um lento declínio do modelo tradicional e do marxismo e uma expansão da *Nouvelle Histoire*, também havendo um declínio da história quantitativa no interior dessa corrente. A partir daí, a oposição entre modernos e tradicionais tornou-se mais complexa, considerando a maneira como foram recebidas a crise da história e a do estruturalismo, bem como as propostas de novas abordagens e objetos.

José Honório Rodrigues outra vez

A partir de um *corpus* restrito pretendemos reler, de forma mais vertical, dimensões da contribuição de José Honório Rodrigues na constituição da história da historiografia como subdisciplina no Brasil. Mais precisamente: pretendemos mostrar como seu tríptico (*Teoria da história do Brasil. Introdução metodológica* [1949]; *A pesquisa histórica no Brasil* [1952]; e a *História da his-*

tória do Brasil [primeira parte publicada em 1979]) pode ser lido a partir de um objetivo e de uma lógica pedagógica (que compreende uma dimensão político-institucional e até mesmo um engajamento ético e político) a fim de instituir e consolidar no Brasil as disciplinas de teoria e história da historiografia. Para tal, nos deteremos nos prefácios de *Teoria* e *História da história*, além do primeiro capítulo da segunda edição de *Teoria* (de 1957) intitulado "Os problemas da história e as tarefas do historiador". Procuraremos pensar essas obras de José Honório Rodrigues no contexto de sua produção, isto é, sem entendê--las como um conjunto que o autor já tinha claro desde o início (embora o próprio José Honório sugira que tinha tal projeto).[93]

Seus escritos de teoria e pesquisa surgem num momento em que José Honório é um dos "desbravadores" dos estudos historiográficos, mas não está completamente isolado, pois contemporâneo, por exemplo, de iniciativas como o *Manual bibliográfico* de Rubens Borba de Moraes e Willian Berrien, com o qual inclusive colaborou. Ambas as obras passaram por reedições até finalmente receberem a companhia da *História da história do Brasil*, que começa a ser publicada no fim dos anos 1970,[94] uma década que presenciou a ampliação de trabalhos de história da historiografia no Brasil, estudos que transformaram José Honório em referência e bibliografia básica.

No prefácio da primeira edição (reproduzido na segunda) de *Teoria da história do Brasil* [1949], o autor afirma que a partir de seu estágio na Universidade de Colúmbia verificou que

---

[93] Sobre o conjunto da obra de José Honório Rodrigues, ver Marques (2000); e Freixo (2012: cap. 5).
[94] Baseada, contudo, em escritos publicados em 1957 e 1963, no México, que cobriam a historiografia dos primeiros séculos de colonização do Brasil: *Historiografia del Brasil, siglo XVI*. México: Publicaciones/Comisión de Historia del Instituto Panamericano de Geografía e Historia, 1957; e *Historiografia del Brasil, siglo XVII*. México: Instituto Panamericano de Geografía e Historia, 1963.

ninguém, tanto nos Estados Unidos quanto na Europa, poderia especializar-se em história sem cursar a cadeira de historiografia (objeto de um livro que estava sendo escrito, a inacabada *História da história*) e metodologia (ainda que as nomenclaturas variassem): "Há, assim, um fim pedagógico como objetivo primordial deste trabalho".[95] O objetivo era "oferecer aos estudantes de história geral e do Brasil, aos professores secundários, aos estudiosos ocupados com a história concreta, uma visão de conjunto dos principais problemas de metodologia da história" (Rodrigues, 1957b:VII). Tratava-se de "uma exposição do método histórico aplicado ao Brasil" já que não existia nada em língua portuguesa. Para o autor, "ensinar num plano universitário os fatos sem teoria seria o mesmo que limitar-se, nos cursos jurídicos, a ministrar a lei e os códigos sem a teoria e a interpretação" (Rodrigues, 1957b:VIII). Nessa direção, o autor reclama pela criação da disciplina de introdução, como havia sido feito nos cursos de direito e filosofia. Afinal, para ele, "a grande tarefa do ensino universitário da história é mostrar como se investiga, como se manejam as fontes, como se aplicam os métodos e a crítica, como se doutrina e interpreta o material colhido e criticado, na tentativa de recriar o passado numa composição ou síntese histórica" (Rodrigues, 1957b:X). O prefácio da segunda edição de 1957 reforça a dimensão pedagógica da obra, bem como esclarece alguns mal-entendidos, em especial, do título. Ao que parece, a nova edição tem como público-alvo os alunos dos cursos de introdução aos estudos históricos, já que a disciplina havia sido incluída, a partir da Lei nº 2.594 (de 8 de setembro de 1955), "nas quatro dezenas de Faculdades de Filosofia, dotadas de cursos de História" (Rodrigues, 1957b:XI).

---

[95] Rodrigues (1957b:VII). Essa edição fazia parte da coleção "Biblioteca Pedagógica Brasileira Brasiliana", dirigida à época por Américo Jacobina Lacombe.

Em relação ao controverso título (um universal-particular), ainda que se possa discordar, não percebemos ingenuidade em relação à sua escolha. O autor afirma, que como a primeira parte era uma introdução filosófica, achou necessário chamá-la de teoria. "O desacerto estaria em que a teoria é sempre geral e não da história do Brasil" (Rodrigues, 1957b:XI). Uma saída seria "introdução à história", porém não se desejou fazer um "guia ao estudo" da história em geral, na medida em que a área de trabalho do autor "na história concreta é a do Brasil e o livro se baseia nesta e dela são extraídos os exemplos que o ilustram". O livro seria, assim, uma introdução teórica que também levaria em consideração as particularidades da história e da escrita da história do e no Brasil. Nas palavras do autor, "o que se desejava, portanto, era escrever uma introdução teórica à história em geral e metodológica à história do Brasil, isto é, uma propedêutica circunstancial, que tratasse da situação da história concreta no Brasil" (Rodrigues, 1957b:XII). O autor, como se vê, deseja reforçar a importância da dimensão teórica e reflexiva no trabalho do historiador, daí não abrir mão do conceito de *teoria*, pois para ele há uma "relação mútua, funcional e dependente do fato ou texto com a teoria interpretativa". Além disso, ele frisa, a partir de Marrou, que essa "nova orientação metodológica" "não tem a tendência a representar o progresso do conhecimento histórico como uma vitória contínua da crítica, que tem feito progressos helicoidais e não lineares" (Rodrigues, 1957b:XIII). Vemos, portanto, que Rodrigues estava ciente dos riscos do evolucionismo teleológico na abordagem historiográfica. É claro que o fato de estar ciente não implica não incorrer nessa perspectiva. O que percebemos é uma preocupação em constituir um campo de reflexão sobre a própria escrita da história. Não se trata de ingenuidade e sim de uma sofisticada perspectiva didática com a finalidade de constituir um campo disciplinar. Afinal, diz o autor: "não acredito que se possa oferecer cursos superiores de história sem o ensino da historiografia" (Rodrigues, 1969:455).

Nessa direção, é bastante interessante nos determos em alguns argumentos utilizados no texto sobre "os problemas da história e as tarefas do historiador". Nesse texto, vemos que o autor está imerso em seu contexto político institucional (em especial, em função de sua atuação na Escola Superior de Guerra).[96] Utilizando as categorias do pensamento ou razão dualista do período (mas também de Pierre Denis e Jacques Lambert) (Rodrigues, 1957b:9), ele afirma que a historiografia brasileira representava a sociedade velha e arcaica e por isso se dedicava esmagadoramente à história colonial: "expressão do seu apego às tradições e à cultura luso-brasileira" (Rodrigues, 1957b:9). Em especial, no personalismo nefasto em suas consequências políticas. Tal perspectiva nos conduzia ou a um desapreço pelo Brasil, ou a uma autoexaltação ufanista. Sua admiração por Capistrano se manifesta aqui, em especial, por ter sido ele a introduzir "a rejeição colonial" "no próprio tema colonial" (Rodrigues, 1957b:12). Ele abriu as possibilidades para que a historiografia se aproximasse do presente, das ligações entre passado e presente, sem negar ou rejeitar o referido passado: "a verdadeira catarse consiste na libertação e assimilação do passado, sentimentos ambivalentes de toda consciência histórica" (Rodrigues, 1957b:14). Além de Capistrano, o

---

[96] Segundo Rodrigues, "minha viragem para os problemas do presente, para fazer com que a história fique ligada, tente responder às indagações presentes, resulta de duas coisas: primeiro de certas influências de caráter filosófico, e da problemática nacional que se vai agravando; e da minha entrada na Escola Superior de Guerra. Em 1955, quando entro na ESG, deparo com aquela problemática nacional toda, [...]. Senti que o historiador tinha que estar mais atualizado com seu presente para que realmente pudesse buscar no passado aquilo que respondesse as interrogações do presente" (apud Mota, 2010:339). Para uma crítica da razão dualista ver, entre outros, Oliveira (2003). Sobre a questão do nacionalismo, desenvolvimentismo e "historicismo" da "geração pós-1945", ver, em especial, Côrtes (2009).

autor considera que Gilberto Freyre e Sérgio Buarque de Holanda representam a história nova do Brasil novo. No entanto, o autor faz uma veemente defesa do estudo da história contemporânea, apesar de suas muitas dificuldades. Os historiadores brasileiros não poderiam deixar o conhecimento do seu presente apenas nas mãos dos seus colegas americanos ou soviéticos.[97]

Para o autor, "não é somente no campo da educação que se oferecem novas oportunidades de ação para os que se dedicam à História" (Rodrigues, 1957b:16). Haveria possibilidades aos profissionais da história em arquivos, bibliotecas e museus. Por tais razões, o autor defendia que os graduados já formados e os servidores já exercitados "possam ver reconhecidos pelo Governo a profissão de historiógrafo e de pesquisadores de história, a exemplo do que se faz nos Estados Unidos e do que já fez o Museu Paulista" (Rodrigues, 1957b:16). Mais do que advogar pela profissionalização, o autor anuncia as novas demandas de seus objetivos pedagógicos: "não podemos fazer crescer nossa historiografia, se não cuidarmos de introduzir nos departamentos de História as disciplinas de Metodologia e Historiografia. Estes são, na realidade, os pecados capitais da historiografia brasileira" (Rodrigues, 1957b:27). Na terceira edição de *Teoria* (Rodrigues, 1969), o autor afirma que as universidades fracassaram e elas são as responsáveis pela debilidade da pesquisa histórica no Brasil.[98] Enfim, trata-se da defesa de uma história e historio-

---

[97] Não poderíamos deixar de mencionar que o importante livro de José Honório Rodrigues *Conciliação e reforma no Brasil*, publicado em 1965, era justamente uma tentativa de compreensão do quadro presente brasileiro. Ver Rodrigues (1965).

[98] Na terceira edição de *Teoria* (1969), em um anexo intitulado "O ensino superior da história e a reforma universitária", Rodrigues afirma, entre outras coisas, que: "as nossas novas faculdades (de letras, filosofia, economia), nasceram senis, inatuais e esclerosadas. Nasceram da fraude. Como é sabido, todos os professores foram nomeados por influência política, por amizades, enfim, por aquilo que se chama o 'pistolão', ou porque foram fundadores. [...]. Ora,

grafia teoricamente orientada e, diga-se de passagem, sem concepções rígidas ou monolíticas.[99] Por outro lado, vemos em José Honório Rodrigues uma narrativa diferente sobre a importância das universidades. Nas análises que vínhamos acompanhando, a universidade aparecia, via de regra, como o espaço de realização das pretensões de uma historiografia profissional. O ponto de vista de José Honório defende o fracasso desse projeto.

Um estudo da historiografia na perspectiva histórica tornara-se realidade no início do século XX, segundo José Honório. O autor afirma, na segunda edição de *Teoria da história do Brasil*:

> A emancipação da historiografia da história literária é uma realização do princípio deste século, quando se pleiteou que a obra histórica fosse analisada ou avaliada segundo critérios históricos e não literários ou estéticos. A história da história libertou-se da história literária e modernamente constitui não somente um campo extraordinariamente rico da investigação histórica, com extensa bibliografia, como é independentemente estudada em cursos

---

no Brasil 95% dos professores catedráticos de história nunca mais ousaram escrever nada, absolutamente nada, sobre sua própria disciplina. A tese impublicável é a obra única e inédita. [...] . Pode-se dizer, em resumo, que os nossos cursos são, na maior parte, idiotas, o ensino ultrapassado, o sistema de cátedra medieval, e os exames pertencem, no mínimo, ao século XIX" (p. 457, 460, 468). Em texto anterior do anexo, ele ainda afirma que: "nestes trintas anos impediram-me de ensinar história aos alunos de história dos cursos superiores. [...]. Na faculdade de filosofia, em que predominou a nomeação oficial e o posterior concurso *sui generis*, limitado ao próprio professor nomeado, não pude concorrer, porque não possuía força política para a primeira, e consequentemente estava eliminado para qualquer futura pretensão". Daí a insistência do autor, como mostra Freixo, na proposta de um Instituto Nacional de Pesquisa Histórica. Freixo (2012:436; 2013:140-161).

[99] Segundo o autor, "a metodologia histórica aponta-lhe a necessidade de conhecer as teorias históricas, com as quais ele vai comparar e interpretar as fontes já criticadas. [...] Espírito sem método não prejudica menos a ciência do que método sem espírito, como dizia Bernheim" (Rodrigues, 1975b:296-297).

universitários e estimulado seu cultivo por instituições históricas [Rodrigues, 1975b:250].

Portanto, o que "emancipa" a história da história é seu estudo "segundo critérios históricos"; a periodização que José Honório compartilha aqui para a história da historiografia transparece na nota 179, que remete à nota 1 do capítulo 2, intitulado "Desenvolvimento da ideia de história". Na primeira nota de rodapé, José Honório esclarece: "Este capítulo é um brevíssimo resumo sem pretensões e inteiramente baseado nas melhores historiografias"; segue então uma lista dessas historiografias, começando pela de Eduard Fueter (1876-1928), na tradução francesa (de 1914), *Histoire de l'historiographie moderne*. José Honório participa, por conseguinte, de uma visão que Rogério Forastieri da Silva chamou de "relativo consenso" sobre a história da historiografia, que identifica na obra de Fueter um marco inicial:

> Pode-se, de certa maneira, considerar o trabalho de Eduard Fueter como o marco inicial dos modernos estudos historiográficos gerais, a partir do qual [...] observou-se um movimento crescente no sentido da publicação de obras especializadas em historiografia, bem como, na medida em que passaram a se consolidar os cursos de ensino superior de história, dedicou-se cada vez maior atenção aos estudos historiográficos como uma disciplina específica no campo da história [Silva, 2001:24].

O panorama é semelhante ao dado por José Honório, marcando o início do século como baliza inicial de periodização. José Honório transmite ideia similar ao dizer que a história da historiografia passara a ser "independentemente estudada em cursos universitários". Nesse sentido, é sugestivo o apontamento de Valdei Lopes de Araujo, quando afirma que a história da historiografia "está entre as invenções mais recentes do discurso histórico". Para o autor, "a história da historiografia [como disciplina, pois como cognição já existia] parece nascer junto com a consolidação da história como um discurso autônomo no final do século XIX".[100] Para Horst Walter Blanke, a partir do final do século XVIII, início do XIX, a história da historiografia passa a ser "caracterizada como uma competência teórica. *Historik* e história da historiografia passam a constituir dois diferentes aspectos ou polos de uma reflexão metateórica" (Blanke, 2006:28). Entretanto, essa periodização e mesmo a lógica disciplinar da história da historiografia não são impassíveis de críticas.[101]

Vale a pena observar um pouco mais detidamente como José Honório Rodrigues definiu a (história da) historiografia. Ainda em *Teoria da história do Brasil*, no capítulo 6, "Diversos gêneros da história", José Honório aponta: "Há ainda a considerar a história intelectual, da qual a história literária e a história da história seriam ramos" (Rodrigues, 1957b:186). A história da história é um ramo da história intelectual, ou das ideias (os termos parecem intercambiáveis), bem como a história da literatura, da qual a primeira alcançou a "emancipação" no início do século XX. Na parte do capítulo dedicada a observar a história desses gêneros no Brasil, José Honório não expõe sua proposta a respeito da

---

[100] Araujo (2006:79). Para Araujo, uma história da historiografia entendida como cognição coincide com a modernização do discurso histórico. A isso o autor denomina de emergência de uma "consciência historiográfica", que não coincide com a disciplinarização, embora seja uma das condições para ela. Ver, também, Araujo (2011; 2013; 2015).
[101] Assinalemos, por exemplo, a visão de François Hartog: "Eu não acredito que a historiografia seja uma subdisciplina. [...]. Não aprecio as fronteiras, nem os limites, nem as 'atribuições de residência', que seja na antiguidade ou na contemporaneidade, seja na literatura" (Rodrigues e Nicolazzi, 2012:358). Por contraste, a uma pergunta terminada por "Em sua opinião a história da historiografia seria uma disciplina autônoma ou poderia ambicionar esse *status*?", Francisco José Calazans Falcon respondeu: "Acho que pode perfeitamente" (Gonçalves e Gontijo, 2011:371).

história da história no Brasil, que apareceria na obra de mesmo nome — assinala apenas as histórias da literatura e das ideias (como a de João Cruz Costa) (Rodrigues, 1957b:250-254). De todo modo, a história da historiografia era, em sua visão, um ramo da história intelectual.

Podemos nos debruçar um pouco sobre as escolhas de José Honório e em especial seu procedimento de buscar uma abordagem autônoma (como categoria relativa e negociada) para a história da história, comparando-o com uma história da literatura que incluía a história como gênero literário, como a *História da literatura brasileira*, de Sílvio Romero (Rodrigues, 1979:XV). José Honório via em seu pensamento a subordinação da história à literatura, ou, se retomarmos a divisão exposta em *Teoria da história do Brasil*, a visão da história da historiografia como um ramo da história da literatura, quando na verdade ambas deveriam ser ramos da história intelectual. Isto é, ao invés de, como aparecia em Sílvio Romero, termos:

História intelectual

↓

História da literatura

↓

História da história

deveríamos ter:

História intelectual

↙   ↘

História da literatura   História da história

Amaral Lapa: historiografia no pós-1964

É de se notar que a preocupação com uma visão da história da historiografia que a considerasse em seus próprios termos, e não segundo critérios externos, permanece ao longo do século XX, e motiva uma percepção crítica de alguns estudos da historiografia brasileira, crítica essa que inclui o próprio José Honório. Observemos a periodização da história da historiografia de José Roberto do Amaral Lapa, também preocupado com uma abordagem da historiografia distinta daquela praticada pelas histórias da literatura (Lapa, 1985:49-51). Nota-se em Lapa a inclusão do próprio José Honório Rodrigues já como referência básica nos estudos historiográficos brasileiros.

Lapa aponta, em livro publicado seis anos após o primeiro volume da *História da história do Brasil* de José Honório Rodrigues:

> Se de um lado a sistematização dos estudos da historiografia demorou tanto para se autonomizar entre nós, de outro, durante muito tempo, poucos historiadores se preocuparam com essa questão. Entre estes, distinguem-se Nelson Werneck Sodré (1945) e, pelo pioneirismo e qualidade de sua obra, José Honório Rodrigues (1949), ao qual se acrescentam Alice Canabrava (1949), Sérgio Buarque de Holanda (1949), Caio Prado Júnior (1949), Otávio Tarquínio de Souza (1957), Pedro Moacyr Campos (1954), *para só citarmos os trabalhos precursores* num período em que ainda não se ampliara o colégio de historiógrafos [Lapa, 1985:49-51; grifo nosso].

Como nota Lapa, boa parte dos primeiros estudos tinha a característica de balanços historiográficos, surgindo em finais de década ou datas significativas. Para o autor, o ano de 1949 marcou "o aparecimento de duas obras fundamentais": a *Teo-*

ria da história do Brasil e o *Manual bibliográfico de estudos brasileiros*. Lapa elabora uma "Bibliografia básica de historiografia brasileira" que lhe permite distribuir os estudos de historiografia por décadas, desde 1930, e assinalar que, dos 66 trabalhos arrolados, 31 surgiram no período da década anterior à que escreve o autor, isto é, entre 1970 e 1980.[102] Por isso, afirma que 1949, a linha média do século XX, pode ser considerado o marco inicial da história da historiografia brasileira: "que, dessa maneira, tem pouco mais de 30 anos de História!",[103] até 1985. Para Lapa, o crescimento nesses estudos denotava "um dos índices de amadurecimento dos estudos históricos no Brasil" (Lapa, 1985:53). Como sinal do crescimento desses estudos, Lapa apontou ainda o Simpósio da Anpuh de 1981, que teve como tema "História, historiografia e historiadores" (Lapa, 1985:553).

Vale dizer que esse trabalho de Lapa, como o próprio título explicita, tinha em vista a historiografia brasileira pós-1964, representando pois uma quebra nessa cronologia a inclusão da história da historiografia anterior ao marco do golpe civil-militar, compreensível no que tange a dotar de maior inteligibilidade aquela seção do livro (intitulada "Projeção da historiografia"). Lapa parece dar continuidade à pesquisa (de onde empresta a cronologia) que expusera no livro *A história em questão (historiografia brasileira contemporânea)*, de 1975. Ali já aparecia, na quinta parte, uma tabela com trabalhos de

---

[102] Lapa explicita seus critérios para a elaboração da bibliografia, expondo tratar-se sobretudo de trabalhos de historiografia geral do Brasil (excluindo assim as historiografias regionais) escritos por historiadores (com três exceções, Gilberto Freyre e os dois organizadores do *Manual bibliográfico*, Rubens Borba de Moraes e William Berrien), e sem considerar "resenhas críticas de autores ou obras isoladas" (Lapa, 1985:53).

[103] Lapa (1985:53). Vale trazer ainda o apontamento de que, dos 66 trabalhos, 22 eram de autoria de José Honório Rodrigues.

historiografia desde 1930, contando então com 53 trabalhos arrolados, bem como uma formulação de "Bibliografia básica de historiografia brasileira".

Uma noção de *historiografia* que mescla análise crítica da produção dos historiadores e história da história está presente em José Roberto do Amaral Lapa. O texto de 1976 apresenta uma definição de *historiografia*: "O tratamento que se dá aqui à Historiografia parte de um conceito básico e específico, o de que a palavra indica a *análise crítica do processo de produção do conhecimento histórico, e desse conhecimento enquanto conhecimento*" (Lapa, 1976:201, n. 1, grifos do autor). É o que o texto de 1985 chama de "autoavaliação por parte dos historiadores": "Essa é, para nós, uma tarefa que, por sua natureza, cabe à historiografia: analisar a produção considerada de História, o trabalho dos historiadores, a evolução do pensamento histórico, destacando as obras representativas, as tendências e projeções".[104] A historiografia é a avaliação crítica da produção dos historiadores. No texto de 1976, Lapa afirma que "historiografia" havia se tornado (nesse sentido que ele afirma, como sinônimo de história da história) um "termo hoje consagrado no Brasil": "A História encontrou uma denominação própria para o exame da evolução dos seus estudos, para a história da História, isto é, a Historiografia, termo hoje consagrado no Brasil" (Lapa, 1976:14). Em resumo:

> o *objeto* do *conhecimento histórico* é o que chamamos *História* para efeito de nossas proposições. [...]. *Conhecimento histórico* é o que resulta do processo limitativo de conhecimento e reconstituição, análise e interpretação daquele objeto, vindo *Historiografia* a ser a

---

[104] Lapa (1985:49). Francisco José Calazans Falcon, por exemplo, criticou essa concepção de José Roberto do Amaral Lapa restringindo historiografia à produção dos historiadores (Gonçalves e Gontijo, 2011:368).

análise crítica desse processo de produção do conhecimento histórico e desse conhecimento, enquanto conhecimento, isto é, um conhecimento científico que se perfila pelos métodos, técnicas e leis da ciência histórica. Aqui, também, essa análise não deixa, por sua vez, de constituir-se em conhecimento, o que equivale a dizer no seu segundo estágio [Lapa, 1976:15].

Elaborando as consequências dessa ideia, teríamos que historiografia não é sinônimo de escrita da história — esta última é designada especificamente por História, com "H" maiúsculo; uma história da historiografia não seria, por conseguinte, uma história da escrita da história, mas sim uma história das avaliações críticas dessa escrita. Historiografia é história da história, para Lapa. Assim, o problema que a expressão *historiografia* parece resolver para o autor é o de como designar, numa formulação simples, *os historiadores falando deles mesmos*. Esse não é o mesmo sentido de "historiografia" na *História da história do Brasil* de José Honório Rodrigues, onde o termo é sinônimo de escrita da história, ou simplesmente história (como relato).

De fato, para o relato dos historiadores sobre o processo histórico, José Roberto do Amaral Lapa (no texto de 1985) usa a mesma expressão que Sérgio Buarque de Holanda usara em 1951: "pensamento histórico".

> Entendida a noção de *processo histórico* como o desenrolar (devenir) do complexo de movimentos que se dão — combativos ou integrativos — na interação do homem com a natureza e a sociedade, na busca de sua subsistência, reprodução e ascensão econômico-social, bem como a de *pensamento histórico* como a produção intelectual dos historiadores sobre a realidade histórica, vejamos se ambos os níveis guardam sintonia no período que nos interessa [Lapa, 1985:23].

Assim, se a expressão *historiografia* ganha ampla difusão nas décadas de 1960 e 1970 (tornando-se "termo consagrado", nas palavras de José Roberto do Amaral Lapa), o entendimento sobre seu significado não é uniforme.[105]

A história da historiografia nos currículos universitários

Marieta de Morais Ferreira, como já abordamos, nos mostra que os primeiros cursos de história foram criados, em geral, com a finalidade de formar professores para atuar na educação básica e, em menor grau, na educação superior. A ênfase não era na atividade de pesquisa e sim no ensino. Nesse contexto, o historiador não estava necessariamente envolvido com a docência. Para ela, é a criação dos programas de pós-graduação nos anos

---

[105] Como exemplo da multiplicidade de entendimentos possíveis para *historiografia* nesse período, há o artigo de Tristão de Athayde (Alceu Amoroso Lima) no número 100 da *Revista de História* da USP, intitulado "A anti-história". Ali, o pensador católico resume seu esboço de "um esquema de tipologia histórica" em que afirma haverem "três planos gerais no desenvolvimento da narrativa dos fatos passados: a crônica, a história, a filosofia da história. Respectivamente, a historiografia, a historiologia e a historiosofia. Não separa esses três planos nenhum critério de valor ascendente e sim de distribuição funcional". Historiografia é aqui o trabalho do cronista, não do historiador, ao qual compete a historiologia: "O cronista observa de perto, possivelmente como testemunha pessoal, os fatos ocorridos. O historiador, propriamente dito, coordena e relaciona esses fatos, procurando interpretá-los e vivificá-los pelo acréscimo de uma interpretação pessoal e subjetiva, que não deve alterar certamente os dados fornecidos pelo cronista (que aliás pode ser ele próprio) mas alargar e superar a visão meramente fatual dos acontecimentos. Quanto ao filósofo da história, aplica aos fatos dos cronistas e às ideias dos historiadores as suas próprias pesquisas e concepções, no sentido de mostrar as grandes forças, imanentes ou transcendentes, que explicam ou pelo menos tentam explicar, em conjunto e no sentido mais profundo e mais universal, a massa dos acontecimentos humanos ao longo do tempo, do espaço e à luz dos valores perenes do espírito"; e "A crônica não é inferior à história, nem esta à filosofia da história" (Athayde, 1974:761).

1970 que altera esse quadro: "assim, cada vez mais, a denominação 'historiador', que, no passado, referia-se apenas aos que escreviam história, passa a abarcar aqueles que recebem uma titulação específica, seja para a docência, seja para a pesquisa" (Ferreira, 2013b:47). A autora destaca ainda que, desde os anos 1950, uma série de propostas de transformação do ensino de história nas universidades, do papel das universidades e da própria realidade brasileira foi amplamente debatida. Sendo esse, inclusive, o contexto de criação da Anpuh, em 1961. No entanto, após o Golpe de 1964, percebem-se vários retrocessos no processo de constituição da história como um ofício profissional em nosso país. Falcon, como já dissemos, destaca que "a historiografia e o ensino de história nos anos 70 estão profundamente marcados pelo conflito entre concepções opostas, acerca do ofício e dos conteúdos disciplinares".[106]

Se no início da década de 1970 podemos observar um maior número de estudos sobre a história da história do/no Brasil, como era efetivamente o ensino dessa história nos cursos universitários? A *historiografia* ou a *história da historiografia* conseguiram se estabelecer como disciplina(s) autônoma(s) nas universidades?[107] Certamente que uma resposta completa a essa

---

[106] Falcon (2011b:184). Falcon destaca que "emblemático, do ponto de vista das novas preocupações teóricas que iam ganhando cada vez mais espaços, foi a realização do *I Encontro Brasileiro sobre 'Introdução ao Estudo da História'*, em 1968, no qual já se observa, por exemplo, a influência do livro de Glénisson, a presença atuante da Emília Viotti da Costa e os progressos de pesquisas baseadas nos métodos quantitativos" (Falcon, 2011a: v. 1, p. 23). O autor acredita que se pode pensar o ensino de história na universidade e o desenvolvimento da historiografia para o período anterior a partir da seguinte periodização: 1) 1930-45: época do redescobrimento do Brasil; 2) 1945-46 a 1959-60: época do desenvolvimentismo e dos dualismos; 3) 1959-60 a 1968-69: época da crise dos dualismos e dos impactos do Golpe de 1964 no ensino e na escrita da história. Ver Falcon (2001:599-612, 13-68).

[107] Vale pontuar que esse crescimento nos anos 1970 é desenvolvimento de um processo iniciado sobretudo na década de 1940, como nota Rebeca Gontijo:

pergunta envolveria uma pesquisa sobre a história dos cursos superiores de história no Brasil cuja realização supera nossas possibilidades de momento, mas é possível sondar algumas experiências desses cursos, com a ajuda de estudos já realizados e de registros das décadas de 1960 e 1970. Como mencionamos anteriormente, a Lei nº 2.594, de 8 de setembro de 1955, responsável pela separação entre história e geografia, institui a disciplina *Introdução aos estudos históricos* no curso, que poderia incluir um apanhado histórico da escrita da história brasileira. Entretanto, algumas formas de ensino dessa escrita já poderiam estar planejadas e/ou concretizadas nos currículos anteriores dos cursos universitários. Tomando o dossiê "Os cursos de história: lugares, práticas e produções", no número 11 da revista *História da Historiografia* (2013), podemos obter algum conhecimento sobre esses currículos.

No currículo de 1936 do curso de história e geografia da Universidade de Porto Alegre (UPA, a partir de 1947, Universidade do Rio Grande do Sul, URGS, federalizada em 1950, tornando-se UFRGS), *não implementado*, entretanto, havia a previsão de uma "Filosofia da história" e "Metodologia da história e da geografia", para a 3ª série. O currículo a partir de 1939 excluía essas disciplinas, sem fornecer quaisquer congêneres, e foi mantido até 1955 (Rodrigues, 2013:131 e segs.).

Todavia, a inexistência de disciplinas introdutórias, ou de caráter teórico-metodológico, não deve levar a supor a ausência do estudo da historiografia. Em artigo sobre Francisco Iglésias, Alessandra Soares Santos analisa o curso de geografia e história

"A partir da década de 1940 é possível identificar um esforço mais sistemático para elaborar uma história da historiografia brasileira. Foi nessa época que os primeiros frutos das faculdades de filosofia, ciências e letras, criadas nos anos 1930, começaram a ser colhidos. Isso, provavelmente, fez surgir a necessidade de estabelecer uma história da disciplina capaz de situar a produção universitária de estudos históricos em relação à anterior" (Gontijo, 2013:361-362).

no qual se formou o autor, na Faculdade de Filosofia de Minas Gerais (Fafi), entre 1942 e 1945. O currículo não incluía disciplinas de introdução, filosofia ou teoria da história. No entanto, o curso de história do Brasil, para a 2ª série,

> previa o estudo da historiografia brasileira desde os cronistas dos tempos coloniais, passando pelas obras de Varnhagen e Capistrano de Abreu, até o que se chamou de "os modernos historiadores". A unidade também incluía pontos sobre "a pesquisa e a cultura histórica no Brasil", o que demonstrava uma preocupação com as questões que permeavam o ofício do historiador [Santos, 2013:115].

Francisco Iglésias cursou esse programa em 1943, ano em que José Honório Rodrigues foi para os Estados Unidos, com bolsa da Fundação Rockfeller, realizar a estadia que lhe despertou, ao menos de acordo com seu próprio relato, para a importância dos estudos de introdução, teoria e historiografia na formação dos historiadores. De modo que em algumas experiências universitárias brasileiras poderia haver a preocupação com a história da historiografia, no mesmo momento em que a "descobre" José Honório Rodrigues nos EUA, sem que houvesse, porém, uma disciplina específica de "história da historiografia". No caso da Fafi, em Minas Gerais, a historiografia brasileira parece ser vista como um pré-requisito para o estudo da história brasileira, e não como um objeto em si. No geral, a regra parece ser a fixação das disciplinas introdutórias, e de teoria, após a reforma de 1968 e o início dos programas de pós-graduação, entre o final da década de 1960 e o início da década de 1970.

O ano de 1943 pode ser ainda mais significativo nessa história. Roberto Piragibe da Fonseca publica, em 1967, o livro *Manual da teoria da história*. Segundo o autor, o livro correspondia ao curso de teoria da história (denominação, segundo ele, "nova e genérica") ministrado de forma regular e obrigatória na 3ª série da Seção de História da Faculdade de Filosofia da Pontifícia Universidade Católica do Rio de Janeiro (PUC-RJ), onde o autor lecionava. De acordo com Fonseca, o curso correspondia ao "velho curso de *Propedêutica e Metodologia da História*, realizado, a partir de 1943, abreviada, facultativa e extracurricularmente, na Seção de Geografia e História, daquela mesma Faculdade" (Fonseca, 1967:9). O novo curso mantinha a estrutura básica do antigo, dividido em duas disciplinas: metafísica da história e lógica da história. A separação, dentro da PUC-RJ, dos cursos de história e geografia foi acompanhada da transformação da disciplina de *Propedêutica* em *Teoria da história* (embora com a mesma estrutura fundamental), e de sua oferta de facultativa e extracurricular a obrigatória e regular.

Roberto Piragibe da Fonseca faz questão de lembrar o histórico da PUC-RJ na nota liminar do *Manual* justamente por causa da lei de 1955, que desconsiderava o pioneirismo de sua instituição. Fonseca defende o ano de 1943 como marco em teoria da história no Brasil:

> Seja-nos permitido, entretanto, nesta nota liminar, atribuir o necessário relevo ao ano de 1943, isto é, emprestar o realce devido à data que assinala a fundação do curso de Propedêutica e Metodologia da História nas Faculdades Católicas do Rio de Janeiro, fulcro da atual Pontifícia Universidade, porque na exposição de motivos que ilustra ainda recente projeto de lei — iniciativa do Senado, se não nos equivocamos —, que manda criar nas Faculdades de Filosofia a cátedra de *Metodologia histórica*, lê-se que "até o momento", vale dizer, até 1955, "nada existe no País", a respeito [Fonseca, 1967:10].

Fonseca contesta (muito polidamente) a redação da lei, reivindicando para o padre Leonel Franca, S. J., então reitor das Faculdades Católicas do Rio de Janeiro, "em caráter extraordinário e facultativo, a ministração de hora semanal de *Propedêutica e Metodologia da História*, cuja regência, aliás, para logo assumimos, em obediência a ordem superior" (Fonseca, 1967:11). A nota liminar, de 1959, termina celebrando o orgulho da PUC-RJ em ser pioneira na institucionalização do ensino de teoria da história no Brasil.[108]

Roberto Piragibe da Fonseca utiliza, no livro, a categoria *historiografia*. O termo surge efetivamente na segunda parte do livro, sobre a "Lógica da história", a parte propriamente metodológica. E surge no momento de apreciação da história da historiografia o capítulo intitulado "Evolução da historiografia", que abrange de Heródoto a Toynbee e Marrou. Fonseca propõe uma "sinonímia" entre historiografia, método histórico e técnica da história (embora admita que "muitos a recusem") (Fonseca, 1967:89, n. 1).

Sua definição de historiografia de fato surge mais à frente, no início do capítulo (e da seção) "Metodologia da história". Em nota, o autor explica:

---

[108] "Assim, terá sempre a Pontifícia Universidade Católica do Rio de Janeiro — instituição que, para superlativo orgulho nosso, ajudamos a fundar, como menor colaborador do ínclito LEONEL FRANCA —, terá ela sempre, entre outras vaidades legítimas, — queiram ou não, os relatores de projetos de lei, melhor ou pior informados —, terá ela sempre a alegria de ver-se apontada, com justiça, como a precursora, no País, do ensino dos problemas metodológicos e também dos problemas filosóficos da História, vale dizer, como a pioneira incontestável, no Brasil, do ensino da *Teoria da História*" (Fonseca, 1967:11-12). Todos sabemos, por razões que fogem a esse livro, que esse "pioneirismo" não foi perdido, muito antes pelo contrário, foi transformado em uma tradição vigorosa. Ainda que tenha havido em diversas instituições autores muito engajados neste "campo difuso" (*i.e.*, de uma história teoricamente orientada, seja em "teoria", "história da historiografia" e, em menor grau, "metodologia"), na PUC-Rio houve de fato um trabalho de "especialização" que ultrapassou nomes e gerações de professores e alunos.

A historiografia é geralmente definida como a *arte de escrever a História*, isto é, como a arte de expor, redigindo, o material histórico que já venceu as "forcas caudinas" da investigação. Assim, historiografia é tão somente uma das operações de síntese, a última, a *exposição*. Prefere-se aqui, entretanto, que historiografia seja sinônimo de método histórico e de técnica da História, isto é, que igualmente abranja o conjunto de operações analítico-sintéticas que permitem atingir a verdade histórica, vale dizer, que seja também sinônimo de metodologia da elaboração da História [Fonseca, 1967:102, n. 55].

Fonseca defende sua ressignificação do termo: embora saiba que está "traindo a etimologia própria", "a palavra serve melhor que quaisquer outras para significar a gravidade dos propósitos que animam o método histórico e, sobretudo, o caráter de escrupuloso sistema que ele exibe" (Fonseca, 1967:102, n. 55). Fonseca parte das primeiras definições dicionarizadas de historiografia (como vimos), como "arte de escrever história", mas a recusa, por incluir apenas a última parte do trabalho do historiador, a exposição, a redação do texto. Fonseca expande a definição para incluir "o conjunto de operações analítico-sintéticas que permitem atingir a verdade histórica". Seu raciocínio, de certa forma, resume a trajetória do conceito de *historiografia*: sua ampliação de "escrita da história" para o todo do ofício do historiador, incluindo todas as operações de pesquisa e crítica documental (além da exposição).

A difusão do uso da expressão "historiografia" e de seu estabelecimento (ou tentativa de estabelecimento) como disciplina universitária a partir de meados do século XX pode também ser sondada pelos anais dos simpósios da Anpuh.[109] As discus-

---

[109] Disponíveis digitalizados no sítio: <http://anpuh.org/anais/>. Observamos os anais até o décimo encontro, de 1981, que tinha a historiografia como

sões contidas nos anais, a partir da primeira reunião, em 1961 (em Marília-SP) mostram o uso da expressão como forma de definição do trabalho do historiador, e sobretudo as tentativas de repensar a disciplina "Introdução aos estudos históricos" de maneira que incluísse historiografia no currículo; ou a análise de obras importantes da historiografia ou o estudo da história da historiografia. Além de historiografia, teoria e metodologia viriam formar o novo conteúdo da disciplina introdutória, mostrando a associação compreendida entre o estudo da escrita da história e os fundamentos teóricos da própria escrita.

Nos anais do primeiro encontro, realizado em Marília (SP) em 1961, o tema da inclusão da historiografia nos currículos aparece em uma discussão sobre matérias "auxiliares e suplementares" para a história (Tema IV — Matérias complementares e auxiliares o alargamento do horizonte no estudo da História), que começa com exposição de Eremildo Luiz Vianna (diretor da Faculdade de Filosofia, Ciências e Letras da Universidade do Brasil).

Nas intervenções após a fala de Eremildo, o professor Guy de Hollanda sugere a inclusão da história da historiografia no currículo (*Anais*..., 1962:143-147), como curso separado ou mesmo cadeira, além de sua parte na disciplina de introdução aos Estudos Históricos. Eremildo concorda em linhas gerais com a intervenção, mas não menciona diretamente a colocação sobre a história da historiografia (*Anais*..., 1962:149). A professora Maria Yedda L. Linhares defende um maior espaço para a história da historiografia no interior da disciplina de introdução aos estudos históricos, enquanto o professor Eduardo d'Oliveira França defendeu o ensino da filosofia da história, alegando ser

---

um de seus temas centrais, ao qual se refere José Roberto do Amaral Lapa (1985:55) como sinal do crescimento da atenção voltada a esses estudos.

indispensável para a compreensão da teoria da história e da história da historiografia (*Anais*..., 1962:149, 150-151).

O resultado da discussão parece ser a Moção 22 do Simpósio, que declara:

> O I Simpósio de Professores de História do Ensino Superior, reunido em Marília, São Paulo,
> Considerando que é indispensável assegurar maior eficiência à formação metodológica dos futuros professores e pesquisadores de História, nas Faculdades de Filosofia;
> Considerando que, enquanto em algumas Faculdades de Filosofia funciona como cadeira ou disciplina, com denominações variáveis, uma iniciação metodológica aos estudos históricos, e inexistindo em outras;
> Recomenda que as Faculdades de Filosofia, instituam, de preferência como partes integrantes de uma mesma cadeira, cursos obrigatórios de "Introdução Metodológica à História", na primeira série da secção de História e "Teorias da História" (incluindo História da Historiografia).
> Sala das Sessões.
> Marília, 20 de outubro de 1961 [*Anais*..., 1962:298-299].

Os anais incluíam relatos de professores de diferentes faculdades partilhando suas experiências de reflexão e tentativas de inovação do currículo. Nos anais do terceiro encontro, de 1965, o professor István Jancsó (posteriormente professor de história do Brasil na FFLCH-USP) apresentou a proposta de um novo currículo para melhoria do curso de história da Faculdade de Filosofia, Ciências e Letras de São Bento da Pontifícia (PUC),[110]

---

[110] A PUC-SP foi fundada em 1946, a partir da união da Faculdade de Filosofia, Ciências e Letras de São Bento (fundada em 1908) e da Faculdade Paulista de Direito. Agregadas a elas, mas com estruturas administrativas financeiras

que visava sanar o duplo objetivo de formar professores e pesquisadores. O currículo sugerido propunha uma cadeira de historiografia no 2º e 3º anos:

> Cadeira que funciona como uma espécie de eixo entre as duas faixas [professor e pesquisador], através da análise crítica de obras fundamentais da historiografia mundial, o que lhe possibilita agir e complementar os trabalhos do setor destinado à formação de professores para o ensino secundário, e da participação ativa nos trabalhos de pesquisa, colaborando com a Cadeira de História do Brasil [*Anais...*, 1966:285].

O curso de Historiografia apareceria nos três primeiros anos (de quatro no total) e independente, isto é, sem estar incluído como parte de introdução, metodologia, teoria ou filosofia.[111]

---

independentes, estavam outras quatro instituições da Igreja. Tempo da Universidade Católica de São Paulo, cuja missão era formar lideranças católicas e os filhos da elite paulista. Sítio da PUC: <www.pucsp.br/universidade/sobre--a-universidade>. Acesso em: 1º out. 2013. A Faculdade de Filosofia, Ciências e Letras de São Bento foi a primeira faculdade de Filosofia do Brasil. Não sabemos se a PUC-SP seguiu a estrutura da PUC-RJ com o curso de "Propedêutica e metodologia da história".

[111] *Anais...* (1966:285). Outros exemplos de experiências relatadas com a formulação de currículos que passassem a envolver historiografia como disciplina ou parte de disciplinas inclui a exposição do professor Odilon Nogueira de Mattos (Faculdade de Filosofia da Universidade Católica de Campinas), nos anais do quinto simpósio (realizado em Campinas, em setembro de 1969), que afirma, sobre a disciplina introdutória de seu curso: "Quando, em 1960, criamos a Cadeira de Introdução aos Estudos Históricos na Faculdade de Filosofia, da Universidade Católica de Campinas, voltamos nossa atenção para dois pontos que nos pareceram fundamentais numa cadeira que pretendia iniciar os estudantes no campo da História: o sentido de evolução da historiografia através dos tempos e o estudo sistemático das fontes de maior interesse para a história brasileira" (*Anais...*, 1971: v. II, p. 23); comunicação de Marilda Correa Ceribelli (Faculdade de Filosofia, Ciências e Letras de Paraíba do Sul, Rio de Janeiro) apresentada em sessão do sétimo simpósio, em Belo Horizonte, em setembro de 1973, (Uma experiência didática no ensino da

A variedade de compreensões de como deveriam se dar as disciplinas introdutórias e teóricas poderia gerar, por outro lado, insatisfação. No quinto encontro, em 1969, a professora Maria de Lourdes Mônaco Janotti (USP) reapresentou uma crítica que havia feito no encontro de 1965 (terceiro simpósio), a respeito da grande diversidade de conteúdos dessa disciplina, dependendo da faculdade. Janotti afirmou que havia "unanimidade" entre os professores universitários quanto à importância do curso, mas faltava consenso quanto às expectativas em relação a ele, o que gerava programas muito diversos para as disciplinas (*Anais...*, 1971:525). Entre os três conjuntos de objetivos que enumera para os cursos de metodologia, o segundo corresponde aos objetivos "Historiográficos: Relações entre a obra de história e a História. O pensamento historiográfico inserido na realidade sociocultural" (*Anais...*, 1971:526). A autora não via ainda muita diferenciação entre metodologia e teoria da história, propondo a teoria como um curso no final do currículo, voltado para sistematizar os conhecimentos teóricos aprendidos ao longo do curso de história como um todo:

> Feita a iniciação aos estudos históricos no primeiro ano e continuando num sentido amplo, a Teoria da História teria a oportunidade de

---

Introdução à História (O ensino de Introdução à História na Faculdade de Filosofia, Ciências e Letras de Paraíba do Sul RJ), que relatava que "O referido programa [da disciplina de Introdução à História] consta de três partes: a primeira é referente à Propedêutica da disciplina, a segunda à Historiografia e a terceira à Metodologia Histórica" (*Anais...*, 1974:867); e a apresentação, no nono simpósio (Florianópolis, julho de 1977), de uma "Proposta para um currículo integrado de História", de Holien Gonçalvez Bezerra e Vera Hercília F. P. Borges (PUC-SP), p. 847. Incluía, após Introdução à História I e II e Teoria da História I e II, uma disciplina "Historiografia Brasileira". No quadro com o currículo (*Anais...*, 1979:853), pode-se observar que os cursos de Introdução incluíam historiografia, e que o curso de "Historiografia Brasileira" tinha os seguintes itens: enfoques históricos, modelos de análise historiográfica, exemplificações de análise historiográfica.

sistematizar num curto período os estudos feitos, e facilmente aprofundá-los num curso específico de historiografia, que representa em si próprio a síntese dos problemas metodológicos e teóricos, sem o conhecimento dos quais nenhum estudante terá uma formação adequada ao curso que escolheu [*Anais...*, 1971:530-531].

Em sua comunicação há uma preocupação com o pensar criticamente o conhecimento histórico, de modo a evitar, por exemplo, o que a autora entendia ocorrer no ensino secundário naquele momento, onde "Confunde-se História com historiografia" (*Anais...*, 1971:530), ao ser apresentado o conhecimento como acabado, pronto.

Na discussão de sua exposição, o professor Alfeu D. Lopes (FFCL São Bento, São Paulo) destacou a realização do "Encontro de Professores de Introdução aos Estudos Históricos" em Nova Friburgo, em julho de 1968, como um sinal da importância que os professores vinham atribuindo a essa disciplina, e sugeriu que mais encontros desse tipo se realizassem. O professor Miguel Schaff, da FFCL de Jacarezinho (PR), menciona o caso das faculdades, como a dele próprio, que tiveram de adotar o que nomeia de "currículo mínimo", cortando cursos de metodologia e teoria da história, bem como cursos ligados à filosofia (*Anais...*, 1971:531-532); a razão seria ser o Estado "o órgão mantenedor". Seu testemunho mostra os limites da análise dos currículos e programas dos cursos, chamando a atenção para o quanto sua aplicação na prática poderia estar distante do planejado. A professora Maria Clara R. T. Constantino (FFCL de Santos e PUC-SP) fez críticas à exposição de Janotti, sobretudo à diluição dos limites entre metodologia e teoria da história e entre teoria da história e historiografia. Sobre o último ponto, afirma: "A identidade estabelecida pela Profa. Maria de Lourdes entre Teoria da História e Historiografia já é uma colocação ideológica. Tende ao historicismo. Parece-lhe surpreendente aí uma vinculação excessiva, diria mesmo acrítica a Croce".[112] Em seu argumento, apresentar toda teoria da história como história da historiografia, isto é, como historicamente condicionada, seria fazer prevalecer *uma* teoria da história específica: o historicismo.

Como exemplo da extinção do curso de "Introdução aos estudos históricos" em favor da adoção de cursos de teoria da história, metodologia da história e historiografia, temos o resumo da comunicação apresentada no sétimo simpósio, em 3 de setembro de 1973, e publicada nos anais em 1974, pelas professoras da Universidade de São Paulo Ana Maria de Almeida Camargo e Sylvia Basseto. No resumo, as autoras comunicam que "Em substituição ao antigo curso de Introdução aos Estudos Históricos, o Departamento de História da Faculdade de Filosofia, Letras e Ciências Humanas da Universidade de São Paulo criou os cursos de Metodologia e Teoria da História; recentemente, a eles ligado, foi criado o de Historiografia". O problema: "entretanto, não nos parece ainda hoje resolvida a questão dos conteúdos mais adequados para cada um deles".[113] No nono simpósio da Anpuh,

---

[112] *Anais...* (1971:533). Nota de rodapé informa que a professora Janotti deixou de apresentar respostas por escrito às intervenções. Refere-se na citação ao livro de Benedeto Croce, *Teoria e storia della storiografia* (1917).

[113] *Anais...* (1974:861); o resumo tem só essa página. Quanto à posição dos cursos no currículo, resta esclarecida em artigo de França (1971:535-547). França explica que o currículo deveria ser composto pelo mínimo exigido pelo governo federal, mais as disciplinas obrigatórias que a faculdade julgasse apropriado incluir. Os cursos incluídos o foram dentro de disciplinas já existentes: assim, "Historiografia" passou a ser um curso de um semestre desdobrado de teoria da história. Paralelamente à disciplina de teoria, existia a de metodologia, composta de dois semestres de iniciação à pesquisa. Os estudos de Roiz (2007:65-104) e Rodrigues (2011: especialmente o cap. III) reconstituem e analisam a formação do curso de história na Universidade de São Paulo. Roiz, sobretudo, por meio dos currículos e grades de disciplinas, recuperando as reformas pelas quais passou o curso (em conformidade com as mudanças determinadas pelo governo federal), e Rodrigues pela exposição e análise dos condicionantes institucionais da Faculdade (seu objeto é de fato o Seminário Marx, o grupo de leitura d'*O*

realizado em julho de 1977 em Florianópolis, Ana Maria de Almeida Camargo apresentou um curso intitulado "Historiografia brasileira: problemas metodológicos", do qual os anais reproduzem o programa de três itens e a bibliografia. O programa dividia-se em "Delimitação de campo", "Critérios de periodização" e "Elementos que compõem a análise historiográfica". José Honório Rodrigues aparece com quatro obras na bibliografia (*História e historiadores do Brasil, História e historiografia, A pesquisa histórica no Brasil: sua evolução e problemas atuais* e *Teoria da história do Brasil: introdução metodológica*) (Anais..., 1979:127-128).

Nilo Odália e formas de construir um objeto

As décadas de 1960 e 1970 testemunham, desse modo, um debate sobre a organização dos cursos voltados para o fazer história, para os fundamentos da escrita da história, que envolveu

---

capital, e a reconstituição do curso de história permite a compreensão do lugar e dos condicionantes do historiador desse grupo, Fernando Antônio Novais). Por conseguinte, os autores não focalizaram (pouco teriam por quê) o problema específico que nos ocupa aqui; mas a leitura de seus trabalhos nos deixou a sugestão, inclusive pelas ausências e silêncios, de que o momento de reestruturação das disciplinas teóricas no curso de história da USP, com a abertura de espaço para uma disciplina autônoma de historiografia, seria este do início da década de 1970, a que reportam Ana Maria de Almeida Camargo e Sylvia Basseto. Isso embora a disciplina de "Introdução aos estudos históricos", marcada pela passagem do professor francês Jean Glénisson, devesse dedicar algum espaço ao estudo da historiografia, como atesta o próprio manual escrito por Glénisson (1961) com o auxílio de seus dois assistentes, Emília Viotti da Costa e Pedro Moacyr Campos, sendo este último o autor da seção do manual intitulada "Esboço da historiografia brasileira nos séculos XIX e XX". Emília Viotti, segundo relato próprio, ficou encarregada dos primeiros cursos de "introdução aos estudos históricos" e "Teoria da história" na Universidade de São Paulo, nos anos 1950, e organizou, neles, "uma lista de temas sobre Teoria da História e História da Historiografia" (Moraes e Rego, 2007:72-73). Posteriormente, Jean Glénisson juntou-se a ela, ficando encarregado da parte de teoria da história; o livro que citamos foi resultado de seus cursos.

o lugar e o papel da historiografia. Esse seria um momento, a nosso ver, de configuração das possibilidades de afirmação da historiografia como disciplina universitária. Assim também como um momento de reflexão sobre a história da historiografia: no sexto simpósio da Anpuh, realizado em 1971 em Goiânia (anais publicados em 1973), o professor Nilo Odália (Faculdade de Filosofia, Ciências e Letras de Assis-SP) apresentou, em sessão no dia 9 de setembro de 1971, uma comunicação intitulada "Modelo de aplicação do método estruturalista genético à análise da historiografia nacional". Nela, Odália discute formas de abordar a historiografia como objeto, em particular, a historiografia brasileira, buscando, na verdade, a identificação de um pensamento historiográfico brasileiro. Suas reflexões denotam um esforço (consciente ou não) de dotar a história da historiografia de outros conteúdos indispensáveis a uma disciplina, como um objeto próprio definido, e terminologia, metodologia e teorização próprias a esse objeto. Também iam se conformando uma bibliografia básica e certos marcos na história da disciplina, como podemos observar pelo autor do qual parte Odália, igualmente uma referência para José Honório Rodrigues.

Odália parte de proposição de Eduard Fueter, na tradução espanhola de *Historia de la historiografia* (original alemão de 1911), de que, nas palavras de Odália, "toda historiografia tem sua origem na ocorrência de um fato histórico que marca profundamente uma sociedade"; por exemplo, "É a revolução de 1848 que abre as portas para que se constitua uma historiografia de caráter social" (*Anais...*, 1973: v. II, p. 25). Esse postulado serve para justificar por que, na visão de Odália, o estudo da historiografia brasileira deve partir do século XIX, pois ali se encontra "o grande acontecimento histórico, que altera e sacode de maneira violenta a sociedade brasileira": "todos os fatos que se relacionam com nossa independência política". É a Independência que origina "um pensamento que mesmo não o sendo de imediato, se pretende nacional" (*Anais...*, 1973: v. II, p. 25).

Complementando a noção do fato histórico como ponto de origem da historiografia, Nilo Odália expõe seu entendimento do sentido de uma história das ideias, onde, por conseguinte, enquadra a história da historiografia:

> Segundo nosso modo de ver, uma história das ideias ou do pensamento possui significado quando nela procuramos a maneira pela qual uma determinada sociedade, ao nível teórico, intenta responder às solicitações e problemas criados pela prática da vida diária. Uma criação espiritual é a busca de uma resposta mantenedora, regenerativa ou originária de um equilíbrio que a complexidade e multiplicidade das relações sociais requerem. [...] Assim entendida a história das ideias não é apenas o estudo evolutivo de um pensamento, de suas origens até um presente qualquer mas é, fundamentalmente, um quadro em que a sociedade emerge como um todo [*Anais...*, 1973: v. II, p. 27].

Em razão desse último ponto, Odália rejeita uma história das ideias por meio da análise das influências e dependências entre obras e autores; rejeita uma abordagem estruturalista e comparativa, ao menos para o caso brasileiro especificamente. Sua escolha recai sobre o método "estruturalista genético" de Lucien Goldmann (1913-1970), no qual uma obra é estudada "como instrumento que permita cortes na sociedade brasileira, a fim de se compreender como os diversos grupos sociais atuam e quais são os princípios norteadores dessa atuação" (*Anais...*, 1973: v. II, p. 28). Método que busca a conciliação entre a análise estrutural e a análise histórica.

Sua abordagem enfatiza a "interrelação obra e sociedade (grupos sociais)":

> Obra e sociedade, dessa maneira, se iluminam mutuamente, possibilitando compreender-se a primeira como uma tomada de consciência dos grupos sociais em relação aos problemas práticos e concretos existentes na realidade social. A obra deixa de ser um feixe de relações formais internas, para se converter num instrumento de desvendamento da maneira pela qual os homens assumem e conceitualizam a situação concreta em que vivem [*Anais...*, 1973: v. II, p. 27].

Se por um lado essa abordagem permitia a Nilo Odália escapar ao que parecia entender como um excessivo formalismo do método estruturalista, uma perspectiva demasiadamente centrada nos aspectos internos das obras, por outro lado, orientou-o a buscar a relação da obra com o grupo social ao qual pertenceria seu autor, e a entendê-la como resposta a uma situação prática posta na sociedade. A parte final de sua exposição é uma síntese dos resultados que obtivera até então em sua análise de Varnhagen.[114] Odália expõe novamente sua opção de tomar a Independência como o fato histórico que engendra uma historiografia brasileira no século XIX, articulando essa historiografia à defesa da manutenção da independência nacional, que pressupunha, segundo o autor, uma consciência nacional. No caso brasileiro, o caminho para essa consciência foi o mesmo dos historiadores românticos: uma "volta ao passado". "Esboça-se assim uma certa visão de mundo que tem como centro o projeto da constituição de uma nação" (*Anais...*, 1973: v. II, p. 30), projeto esse que se articula em torno do poder político imperial. Em sua órbita

---

[114] Decerto, a pesquisa que resultaria em seus escritos sobre o autor, notadamente a introdução a Varnhagen (1979) e Odália (1997).

estão os grupos sociais do período (Odália considera que não podemos falar em classe social para aquele período, em razão do que entende como "relativa homogeneidade da sociedade brasileira") (*Anais...*, 1973: v. II, p. 31); esses grupos dedicam-se a apoiar o projeto nacional e tentar influenciar o poder político. É, portanto, a constituição da nação a situação prática à qual o pensamento precisa responder no século XIX, e a historiografia é parte dessa resposta. Odália não se refere a Varnhagen como *expressão*, ou *reflexo*, dessa situação; o autor da *História geral do Brasil* é citado como exemplo ("veja-se em Varnhagen") e representante da "historiografia geral" que surge naquele contexto ("representada por Varnhagen") (*Anais...*, 1973: v. II, p. 31), campeã da constituição da nação.[115]

A abordagem de Odália expõe a perspectiva posteriormente criticada por Manoel Luiz Salgado Guimarães como aquela na qual "os textos produzidos são interrogados a partir de propósitos externos aos próprios textos" (Guimarães, 2005:43). Podemos questionar que mudanças a história da historiografia operou desde então, propondo, por exemplo, a adoção de marcos para a historiografia brasileira internos à própria: ao invés de um fato político, como a Independência (1822), a fundação do IHGB (1838). Mas é de fato ausente do modelo de Nilo Odália o que seria caro às análises de Manoel Salgado: uma investigação dos métodos, da pesquisa, dos pressupostos teórico-metodológicos dos autores de obras históricas; de seu "fazer história".

---

[115] No debate registrado nos anais, existem duas intervenções: das professoras Zilda Zerbini Toscano e Helena Pignatari (FFCL/PUC-SP) e Fernando Antônio Novais (FFLCH/USP), ambas fazendo questionamentos ao método adotado por Odália. O autor não enviou suas respostas por escrito, que por conseguinte não constam dos anais.

Historiografia como "formação" (ou "sistema"): Carlos Guilherme Mota e Maria de Lourdes Janotti

Nos anos 1970, Mota e Janotti propõem formas de estudar a historiografia tributárias da perspectiva adotada por Antonio Candido no clássico *Formação da literatura brasileira*. Por certo esse livro era bem diferente das histórias da literatura existentes na bibliografia brasileira (como as de Sílvio Romero e José Veríssimo), das quais José Honório Rodrigues e outros historiadores procuravam desvencilhar a história da historiografia. Mas não deixa de ser interessante que os estudiosos tenham ido buscar na literatura os meios de abordar historicamente a história da historiografia, visando subtraí-la da própria literatura. Como consequência, os estudos de Mota e Janotti (e mesmo Amaral Lapa) procuraram pensar a historiografia em termos de "formação" e "sistema", conceitos-chave da obra de Candido (vale assinalar que nenhum dos autores fez uma transposição mecânica e simplista das premissas metodológicas de Antonio Candido para o estudo da historiografia, mas sua presença nas obras é de importância indiscutível). Não por acaso, Maria de Lourdes Mônaco Janotti (1977), em seu trabalho sobre João Francisco Lisboa, reclama uma abordagem que pense a historiografia como sistema (tendo Antonio Candido como uma de suas referências). Por sua vez, José Roberto do Amaral Lapa fala em um "circuito" que parte do historiador como produtor do conhecimento histórico, chegando à sua transmissão e consumo,[116] que nos remete também ao circuito de Antonio Candido (produtor — mecanismo transmissor — receptor). Carlos Guilherme Mota, em livro de 1977, propõe uma periodização da historiografia por meio de

---

[116] Lapa (1976:15). Rebeca Gontijo (2011) notou a abordagem sistêmica desses dois autores (Janotti e Lapa).

"momentos decisivos", como o fizera Antonio Candido em *Formação*, e ainda usa mais de sua terminologia, como ao falar em obras "empenhadas".[117]

Carlos Guilherme Mota explica na introdução de *Ideologia da cultura brasileira* que entende que seu escrito é de fato um "ensaio" (como diz o título da coleção na qual saiu o livro), não compreendendo que pudesse ser considerado uma história (nem da *consciência social*, nem da *cultura*, nem *intelectual*, do Brasil, nas classificações que sugere serem possíveis).[118] Seu objeto era a produção cultural brasileira como um todo, não apenas a historiografia, mas vemos que, se de fato considerasse seu estudo uma história, a historiografia encontrar-se-ia subsumida em uma daquelas três classificações. Sua abordagem compartilha com a de Nilo Odália anteriormente exposta e a de Maria de Lourdes Mônaco Janotti uma característica das visões sobre a historiografia daquele período: a procura pelo caráter ideológico das obras historiográficas, relacionado (embora não de forma mecânica ou reflexiva) com as posições políticas e a visão de mundo do historiador (visão essa que era remetida à de sua classe social).[119] Uma vinculação da história da historiografia à

---

[117] Mota (1977:22 e 23, respectivamente). Vale notar que esse livro saiu como número 30 da coleção Ensaios, da Editora Ática, cujo número 31 veio a ser precisamente o livro de Maria de Lourdes Mônaco Janotti sobre João Francisco Lisboa.

[118] Mota (1977:17-18). Sob o título de "ensaios", portanto, publicava-se produção universitária, que não excluía, como no caso de Mota, essa forma de texto; fazemos apenas essa breve observação como sugestão para as reflexões sobre produção ensaística e produção universitária no Brasil.

[119] Como no estudo de Nilo Odália sobre Varnhagen, que compreende "Biografia", "Obra" e "Elementos da visão de mundo política de Varnhagen" (Varnhagen, 1979). Vale apontar que a história (e a história da historiografia) fez-se presente nesta coleção também no número anterior, o oitavo, dedicado a Leopold von Ranke, com organização de Sérgio Buarque de Holanda.

história das ideologias.[120] Entretanto, quando se tratou de pensá-la como disciplina ou parte de alguma forma integrante dos currículos universitários, sua inclusão não veio associada à história da cultura, mas às disciplinas de formação do historiador, as de teoria e metodologia. Ou seja, elaborando a partir do que expôs Janotti nos debates da Anpuh que analisamos anteriormente, a história da historiografia não seria ensinada para que o estudante obtivesse exemplos da literatura de como escrever história, mas para que soubesse ler "criticamente" a bibliografia, identificando os vieses dos historiadores. A perspectiva de enxergar a história da historiografia buscando (entre outros elementos, mas principalmente) a ideologia dos historiadores estará presente também na *História da história do Brasil* que José Honório Rodrigues começa a publicar em 1979. Suas divisões e classificações no plano dessa obra articulam, a partir da perspectiva engajada do autor, critérios políticos e cronológicos, reunindo categorias como "historiografia colonial" e "historiografia conservadora".[121]

Tempos de consolidação?

Para François Hartog, uma maior "postura reflexiva" e a "ascendência da historiografia", isto é, uma "mescla de epistemologia e de historiografia" é um fenômeno que se inicia e se desenvolve a

---

[120] Em Mota: "*O tom geral é de proposta*, de tentativa de situar o objeto e definir o traçado geral de linhagens de pensamento significativas para a instauração de uma *história das ideologias* no Brasil. Numa palavra: *trata-se de uma reflexão prévia*" (Mota, 1977:21, grifos do autor). Ver, também, entre outros, Iglésias (1971).
[121] Ver Guimarães (2011:25). A crítica da autora (p. 25-27) é muito importante para a compreensão da presença dessa visão ideológica (ou ideologizante) da historiografia em José Honório.

partir dos anos 1980.[122] O autor ainda destaca que "o ponto mais interessante e mais recente é aproximação, frequente nos textos dos historiadores, dos dois termos: epistemologia e historiografia".[123] Seria uma resposta ao abandono dos grandes paradigmas dos anos 1960, e marcaria também uma tentativa de resposta às atuais transformações na ordem do tempo, pensadas por ele, em especial, a partir do conceito de presentismo. Em certo sentido, podemos explicar a emergência da historiografia nos currículos a partir dessa perspectiva. Nessa direção, seria a obra de José Honório Rodrigues uma excepcionalidade? Cremos que não. Na verdade, a partir do que foi mostrado até aqui e amparado em autores como Guilherme Pereira das Neves, podemos dizer

---

[122] Hartog (2011:247, 248, 251). Ver, também, entre outros, Nora (1993:7-28). Para Revel (2010:69), "o que acontece de fato, a partir dos anos 1970, é uma internacionalização dos debates e das trocas historiográficas". O autor ainda destaca que, no caso da historiografia francesa, a busca por uma reflexão epistemológica e historiográfica se relaciona com a renúncia às ambições nomológicas da história: "a segunda metade do século XIX e os três primeiros quartos do século XX tinham vivido sobre paradigmas integradores fortes: o positivismo, o marxismo, o estruturalismo foram ilustrações sucessivas. Não é um abuso ajeitá-los todos, apesar do que os separa, sobre a tenda do funcionalismo. Ora, é precisamente esse paradigma funcionalista, e com ele as ideologias científicas que serviram para unificar o campo das ciências sociais (ou que lhes serviram de horizonte de referência), que parece ter pouco a pouco se abatido, sem crise aberta, durante as duas últimas décadas" (p. 79). É sintomático, nessa direção, que, ao final dos anos 1990, Carlos Fico analisava um dos efeitos negativos da presença francesa em nossa historiografia: "um maior intercâmbio com países como os Estados Unidos e a Alemanha — para citar apenas esses dois — poderia ter nos beneficiado no sentido de lidar com a problematização teórica na construção do conhecimento histórico" (Fico, 2000:36). Sobre essa análise e o lugar da história da historiografia/teoria na historiografia brasileira entre 1990 e 2010, ver Franzini (2015:195-210).
[123] Hartog (2011:248). Destacamos que é justamente dos anos 1980 a criação no Congresso Internacional de Ciências Históricas da "Comissão sobre Historiografia". É também desse momento a fundação da revista internacional *Storia della Storiografia*. É interessante destacar que o primeiro e o segundo número, em especial, apresentam um bom número de textos que procuram definir, em vários níveis, o que é ou deveria ser uma história da historiografia.

que o início desse "momento reflexivo" deve ser localizado no imediato pós-Segunda Guerra, ainda que nos anos 1980 ele ganhe contornos e forças adicionais. A obra de Rodrigues deve ser inserida, portanto, em uma corrente de fins dos anos 1940 onde se assistiu a um "autêntico florescimento da reflexão sobre a *ideia de história*, que se multiplicou daí em diante — de maneira tão surpreendente, talvez não por acaso, quanto à sequência de obras-primas cinematográficas dessa época e das décadas imediatas".[124]

Em linhas gerais, enxergamos nos debates entre os professores universitários de história na década de 1960 e 1970 (até onde registrado nos anais dos simpósios da Anpuh) uma preocupação com a inclusão da historiografia no conteúdo dos currículos, fosse como disciplina independente, fosse como parte dos cursos de teoria e metodologia da história, então em processo (ao menos em parte dos cursos) de substituírem a disciplina "Introdução aos estudos históricos". Revela-se, por conseguinte, que historiografia e história da historiografia eram entendidas como parte da formação teórica dos estudantes, ou seja, a historiografia não era mais um objeto ou tema oferecido aos estudantes (como poderia ser a história da arte, por exemplo, ou a história eclesiástica), mas uma disciplina que fazia sentido apenas se conjugada às disciplinas teórico-metodológicas. O *modo* como essa conjugação se daria não nos foi possível vislumbrar, até esse momento da pesquisa, mas os questionamentos a respeito já podem ser formulados. O estudo da historiografia e da história da historiografia apareceria como meio de questionar os fundamentos da prática historiográfica por meio do confronto com a produção historiográfica de outros contextos? Ou serviria para

---

[124] Neves (2012:229). O autor cita como exemplo, além da fundação da revista *History and Theory*, obras de Collingwood, Bloch, Momigliano, Febvre, Ariès, Marrou, Aron, Ricœur, Pocock, Koselleck, Gadamer, Samaran e Carr.

a elaboração de um conjunto de exemplos a serem seguidos e contraexemplos a serem evitados pelos estudantes? Essa história se desenrolaria como uma "evolução", mostrando-se aos estudantes o estado da arte ao qual deveriam corresponder?

Evidentemente que não se trata de fazer críticas e questionamentos às propostas daquele período com base nas reflexões sobre a história da historiografia desenvolvidas recentemente, mas de procurar entender as formas de inserção da historiografia/ história da historiografia na cultura historiográfica universitária das décadas de 1960 e 1970. Especialmente, como se buscava justificar a existência de uma disciplina autônoma de historiografia. Parece haver um movimento de reflexão sobre a prática historiográfica naquele momento, discernível na preocupação com a análise crítica das obras da historiografia (como exposto na proposta de currículo do professor István Jancsó), e com a problematização da relação entre obra e contexto sociocultural (presente nas comunicações da professora Maria de Lourdes Mônaco Janotti e do professor Nilo Odália). Até onde iria essa reflexão, esse voltar-se a si mesmo, dos historiadores? Chegaria a eles próprios?

O uso disseminado da expressão "historiografia" parece revelar certo consenso, no entendimento da mesma como escrita da história/conjunto de obras de história sobre determinado tema/a produção dos historiadores. Seu estudo envolvia uma imbricação entre o pesquisador (historiador da historiografia) e o objeto (historiografia) que não poderia deixar o primeiro incólume à autorreflexão, sendo ele próprio um produtor de história. Daí a associação com as disciplinas de teoria e metodologia. Desse modo, ao que parece, a obra de José Honório Rodrigues teve efeitos importantes, sobretudo, por pensar teoria, pesquisa e história da historiografia como indissociáveis. Suas obras seriam bibliografia importante em cursos articulados sobre uma visão semelhante dessa unidade, e suas publicações (as reedições de *Teoria da história do Brasil* e *A pesquisa histórica no Brasil*, até o início da publicação da *História da história do Brasil*) ocorrem diante desse pano de fundo de articulações dentro dos cursos universitários atribuindo valor à historiografia, dotando-a de uma "função epistemológica", ligada à teoria e à metodologia. Os professores universitários no período estudado, décadas de 1960 e 1970, acabaram por garantir autonomia disciplinar à história da historiografia mantendo sua "função epistemológica". Decerto, tal visão coadunava-se com a perspectiva dos próprios estudos historiográficos de então, resultando nas elaborações de linhas evolutivas e sistemas da historiografia brasileira.

A relação do debate em torno da inclusão da história da historiografia nos currículos superiores e sua defesa como parte fundamental da formação do historiador por José Honório Rodrigues certamente não é direta, ou mecânica. Mas é relevante notar a tomada desse autor, na década de 1970, como referência em história da historiografia, e suas obras como bibliografia básica — além de ter se tornado, ele mesmo, objeto do estudo que defendeu, a história da historiografia. Sintomático desse *status* de José Honório Rodrigues é o resumo da comunicação de Raquel Glezer — autora de uma tese de doutorado sobre José Honório (Glezer, 1977), "Trajetória de um historiador — José Honório Rodrigues" para o décimo primeiro simpósio, de 1981, precisamente o simpósio cujo tema central ("História, historiografia, historiadores") mostrava, para José Roberto do Amaral Lapa, o amadurecimento dos estudos de historiografia no Brasil:

> Em um encontro de historiadores que tem como tema central de debate "História, historiografia e historiadores" não poderia faltar um trabalho que colocasse em questão a obra de José Honório Rodrigues — o primeiro autor no Brasil que se preocupou

sistematicamente com o problema da formação de historiadores, a discussão dos problemas metodológicos *e introduziu a história da história como disciplina nos cursos de História, visando sempre aperfeiçoar a prática de história e a reflexão crítica sobre nossa herança historiográfica* [Anais..., 1981:72; grifo nosso].

***

Importa notar que José Honório não necessariamente defendia a criação de uma disciplina específica, ou de uma especialidade acadêmica, para a história da historiografia, pouco afeito que era às especializações. Dentro de sua visão de um desenvolvimento da ideia de história, entretanto, esse tipo de estudo fazia parte do ponto último dessa evolução, o momento da história "reflexiva", da história que se debruça sobre si mesma (Freixo, 2012: cap. 5). Se a escrita de uma história da historiografia por José Honório Rodrigues envolvia também "a invenção de uma tradição historiográfica em meio à qual, talvez, ele mesmo pudesse se situar" (Gontijo, 2011:384), parece-nos que a obra desse autor foi como um marco e referência em um esforço que envolvia a legitimação da história da historiografia como uma variedade disciplinar necessária e fundamental para a formação do historiador profissional.

As questões aqui abordadas nos colocam o problema dos efeitos simbólicos de uma disciplina no interior de um campo ou comunidade criando hierarquizações no interior de uma dada episteme, definida como uma instância de regulação de relações entre diferentes formas de saber e poder em um dado momento histórico.[125] Assim, a emergência de novas disciplinas, como a

---

[125] Para Donald Kelley, "*une episteme est une 'grille' (un terme que Foucault emprute à Lévi-Strauss) et les disciplines qui font partie de cette grille façonnent, voire rendent possibles, la perception et l'expression de questions à la fois de nature et de culture. 'Discipline', un concept qui a été notoirement associé avec*

história da historiografia, é frequentemente fruto da recomposição de territórios, pois, dentro dessa perspectiva, a intensificação da competição, que conduz os membros de um "campo" a investir em outros "campos", torna-se um dos princípios explicativos da renovação de práticas científicas. Longe de consensos, a atividade disciplinar, em ciências humanas, é marcada, ainda dentro desta perspectiva, pela polêmica, competitividade e por um pluralismo teórico e metodológico dificultando a estabilização das fronteiras de um dado território. Contemporaneamente, a questão que se coloca é a da eficiência, dos limites e riscos do regime disciplinar, em especial, da capacidade de inovação ante uma especialização que parece não ter fim. No caso da história da historiografia, acreditamos que um dos desafios contemporâneos consiste, paradoxalmente, em problematizar a *evidência disciplinar* tanto da história, da historiografia, quanto da própria história da historiografia.

'punir', *peut suggérer restriction et soumission à l'au-d'assertion plus large et plus problématique sur le monde de la pratique et du pouvoir*" (Kelley, 2006:112). Ver também, entre outros, Foucault (1966) e Kelley (1997).

CONSIDERAÇÕES FINAIS
Dilemas e encruzilhadas do século XXI

Começamos nossa jornada sobre esta parcial e lacunar história da historiografia com os textos autorreflexivos de historiadores no final do século XIX, a partir do "Necrológio" de Varnhagen escrito por Capistrano de Abreu, em 1878. Textos que, qualquer que fossem seus pretextos para produção, de fato realizavam breves histórias da historiografia que desembocavam em balanços sobre seus momentos atuais. Identificavam lacunas, apontavam caminhos, mapeavam a produção então em curso. Faziam transparecer, entre outros aspectos, uma tensão essencial, como afirmamos: aquela entre síntese e monografia.

Relembremos Capistrano, ao final do necrológio de 1878:

> Sinais de renascimento nos estudos históricos já se podem perceber. Publicações periódicas vulgarizam velhos escritos curiosos, ou memórias interessantes esclarecem pontos obscuros. Muitas Províncias compõem as respectivas histórias. Períodos particulares, como a Revolução de 1817, a Conjuração Mineira, a Independência, o Primeiro Reinado, a Regência, são tratados em interessantes monografias. Por toda parte pululam materiais e operários; não tardará talvez o arquiteto [Abreu, 1931:140].

Em artigos sobre Varnhagen publicados em 1882, Capistrano vai produzir diagnóstico que desencoraja a escrita de uma nova história geral (prefigurada com otimismo — "não tardará talvez o arquiteto" —, em 1878): "pensamos até mais, que ela [a nova história geral] não deve ser escrita senão daqui a muitos anos. Agora o que se precisa é de monografias conscienciosas" (Abreu, 1975:139). Capistrano dá então alguns exemplos do que poderiam estudar as monografias, que "ponto obscuro do passado" poderia ser esclarecido, já que "Há-os em abundância".[126]

Capistrano conclui: "Os estudos históricos vão se adiantando", relatando os vários estudos que vinham em curso, dando uma espécie de panorama, começando com a "contribuição enorme" que foi o Catálogo da Exposição de História de 1881.[127] Parece pensar numa necessária produção coletiva de conhecimento. Apenas ao final de muito trabalho monográfico e preparatório, Varnhagen poderia ser destronado para dar lugar a uma nova história geral do Brasil:

> Quando todos estes trabalhos estiverem terminados; quando outros muitos se lhe tiverem reunidos; quando um espírito superior insuflar a vida e o movimento na massa informe, Varnhagen descerá do seu pedestal.
> Mas até então ele será o mestre, o guia, o senhor [Abreu, 1975:147].

---

[126] "Há a história das sesmarias, em que ninguém se atreveu ainda a tocar. Há a história das municipalidades, que Lisboa foi o primeiro a entrever. Há a história dos bandeirantes, que jaz esparsa pelos livros e pelos arquivos [que mais tarde Capistrano recomendaria a Taunay, para que a estudasse, estímulo para a monumental *História das bandeiras paulistas*]. Há a história dos Jesuítas, em que apenas pouco mais se conhece do que o período narrado por Simão de Vasconcelos, isto é, quase nada. Há a história das minas [...]" (Abreu, 1975:139).

[127] Abreu (1975:146). Sobre o Catálogo, ver Dutra (2005:159-179).

CONSIDERAÇÕES FINAIS

O sonho da cultura acadêmica e especializada, imaginado por Capistrano e tantos outros protagonistas deste livro, efetivamente se opõe ao desejo de síntese? Em outras palavras, o ensaio como forma estético-política, prenhe de futuros e de projetos nacionais/locais/globais e que ao mesmo tempo articula o passado a partir de um colocar-se no presente, de fato passa por um processo de atenuação com a cultura universitária?

Mostramos neste livro a relação íntima entre a erosão do singular coletivo da história e a sedimentação de uma cultura acadêmica especializada. Mas é necessário resistir à tentação de estabelecer relações diretas de causa e efeito. A síntese e a interpretação nacional do Brasil permanecem codificadas nas entrelinhas da escrita na universidade. O caso de Sérgio Buarque de Holanda é emblemático desse processo como elo entre o ensaio (seja "social", "histórico" ou "sócio-histórico") e a cultura universitária.

Mas a história não para por aí. Com as décadas de 1960-70 as linhas gerais de interpretação do Brasil, a tradição ensaísta, explode, se difundindo no caldo diverso da cultura de massa, invadindo as artes (como o cinema e a música, não por acaso reflexos de uma cultura estudantil e universitária). Enquanto isso, a história se valia cada vez mais de institucionalidade, com um sistema de pós-graduações, agências de fomento à pesquisa, sistemas de avaliação e universidades de alcance nacional e internacional. Esses seriam mesmo sintomas de uma mudança estrutural na experiência histórica, adentrando o final do século XX? Cremos que a resposta deva ser afirmativa.

No entanto, há de se compreender os efeitos da erosão da história, coletivo singular na escrita universitária da história no século XX, como um aflito ardil do velho "cronótopo historicista" tentando se adaptar para sobreviver, mudar para não mudar. Mostra-se aí sua incrível plasticidade, uma capacidade de adaptação que cimenta as bases da historiografia (universitária) do século XX, inteiramente construída sobre as crises e catástrofes desses tempos. Eis a verdadeira essência da dimensão tão falada do global e do transnacional, uma comunhão de todos, seja no centro, seja nas periferias, face à destruição produzida pela modernidade. Johan Huizinga, Benedetto Croce, Marc Bloch, Lucien Febvre, Fernand Braudel, Caio Prado Jr., Sérgio Buarque de Holanda, Gilberto Freyre, Reinhart Koselleck, Paul Ricœur e tantos outros intelectuais preocupados com o destino do coletivo singular da civilização, e todos se apoiando magistralmente no seu par, o coletivo singular da história — total, global, mundial — como base de sustentação.

Assim, a cultura universitária e especializada nunca esteve distante de um projeto ético e político, ela, sim, foi um projeto com essa dimensão. Então, se existe uma "ideia brasileira de história" ou "concepção brasileira de história", como afirmamos que existiu, seu peso é de gabarito, arquivo de códigos e gestos, do Brasil moderno. Especialmente no que diz respeito aos significados do nosso projeto civilizacional, de nosso "desejo" de inserção (muitas vezes, periférica) em um sistema mundial.

Décadas se passaram e hoje a disciplina história procura se reconstruir pensando em termos de sua dimensão "prática" e "pública". Até a velha síntese de uma história nacional retorna como objeto privilegiado. Os tempos são de disputas intensas pelo passado e a dimensão ético-política da escrita da história volta a ser central. Também é hora de pensar nas práticas dos historiadores do passado, incluindo nossos mestres, como práticas arqueologicamente investigáveis. Mas é hora também de pensar se não é o momento da história da historiografia e da teoria da história irem além.

Chegamos, nas primeiras décadas do século XXI, à possibilidade de realizar panoramas e balanços da própria história da historiografia do/no Brasil. Valdei Lopes de Araujo procedeu à escrita de um balanço sobre a história da historiografia a respeito do do século XIX, que termina com apontamentos sobre problemas ainda não resolvidos e perspectivas potenciais para a área. Araujo assinala:

> Temos ainda grandes vazios no conhecimento da vida intelectual no século XIX. Autores "desconhecidos" e outros subanalisados exigem abordagens monográficas que possam reunir de modo serial uma produção dispersa. Novas fontes como os periódicos e revistas, instituições ainda pouco ou nada conhecidas, são outras fronteiras a serem exploradas. Para além das fronteiras, precisamos intensificar a herança de problemas recebidos, o que nos leva à necessidade de um maior esforço teórico que possa orientar a pesquisa empírica e servir de parâmetros para o avanço do debate no interior de nosso campo de estudos. Para além de simplesmente incorporar e ilustrar hipóteses já demonstradas em outros setores de investigação, uma História da Historiografia madura deverá ser capaz de traduzir esses setores em suas próprias linguagens [Araujo, 2012].

Há uma "dispersão criativa" da produção atual, um conjunto já considerável de monografias que alargou os estudos em história da historiografia desde os anos 1980, com crescimento considerável na virada do século. Uma possível agenda envolveria, entre outros fatores, "um maior esforço teórico que possa orientar a pesquisa empírica", uma tradução, para sua linguagem própria, das hipóteses produzidas em "outros setores de investigação" (Araujo, 2012). O horizonte para a pesquisa histórica no final do século XIX, e nas primeiras décadas do século XX, era a síntese, a história geral. Os autores que se debruçaram sobre a produção historiográfica brasileira e realizaram autorreflexões sobre a escrita da história no Brasil tinham no horizonte, como vimos, o momento em que uma nova história geral poderia voltar a ser escrita, e que forma assumiria. Qual o horizonte e agenda da história da historiografia nesta segunda década do século XXI? Veremos um estímulo à produção de panoramas e balanços que pensem nossa *história da história da historiografia brasileira* e seus caminhos e perspectivas futuras?

Se a síntese foi o horizonte de expectativas da história no momento de escrita dos primeiros textos de história da historiografia, entre fins do século XIX, começo do século XX, qual seria o horizonte dos historiadores da historiografia nessas primeiras décadas do século XXI? Partindo das reflexões anteriores, o horizonte atual da história da historiografia seria uma pesquisa marcada não mais pela investigação empírica de hipóteses produzidas em outras áreas ou centros (o que não significa o abandono dos estudos empíricos por completo), mas por uma produção "teórica" a partir dos estudos empíricos já consolidados, que permita à história da historiografia definir seus próprios "parâmetros", na expressão de Araujo.

Tal reflexão coloca (ao menos) dois problemas. Como apontamos no estudo das décadas finais do século XIX e primeiras décadas do século XX, o conceito de historiografia no Brasil esteve associado ao próprio conceito moderno de história, portanto, definido por uma temporalidade voltada para o futuro. Projetos e expectativas de futuro (em especial a síntese) marcavam aquele horizonte. Em meio aos debates sobre nossa atual experiência de tempo (tais como os provocados pelas noções de presentismo, presente alargado ou de atualismo), podemos utilizar da mesma forma a noção de "horizonte de expectativas", ou falar numa produção orientada para um futuro, pelo menos de um ponto de vista ético-político?

Como aponta Temístocles Cezar, o presente toma parte na historiografia brasileira dos séculos XIX e XX. No entanto, não havia coincidência entre *regime de historicidade* e *regime de historiografia*. Cezar nota:

> É preciso explorar com maior rigor as diferenças e as similitudes entre os regimes de historicidade e o de historiografia. Por ora, o que temos é a constatação de que se no século XIX e boa parte do século XX um e outro não coincidiam necessariamente, hoje a confluência parece evidente. O presente, o presentismo, são os vetores dessa convergência [Cezar, 2013:37].

A historiografia do período da redemocratização conjugou a experiência e os sentidos da democracia com os usos públicos do passado. A configuração de um passado homogeneizado, como aponta Francisco Gouvea de Sousa ("É o que sempre o que foi"), um bloco único representando o "arcaico", anula a contingência do passado e permite um controle do futuro (ou uma sensação de controle). "A contingência é anulada no passado para que o futuro tenha contornos definidos", afirma Sousa (2016:13). Em relação às perspectivas quanto ao futuro nos anos 1980, porém, como nota Sousa, "existe ainda outra experiência que marcou esta década: a dissolução de diferentes expectativas de futuro, principalmente naqueles que se compreendiam como de esquerda" (Sousa, 2016:3). O mesmo cenário é descrito por Valdei Lopes de Araujo, que o associa a dois fatores principais: 1) uma crise na retórica das metanarrativas da modernização, base para os projetos desenvolvimentistas nacionalistas do século XX; 2) uma crise de confiança no projeto e nos valores da modernidade em si, incapazes de lidar com questões de diversidade e diferença que vão se tornando centrais nos anos 1980 (Araujo, 2015b). A partir daí, como mostra o mesmo autor em outros trabalhos, é criado um sistema nacional, via Capes, de avaliação que se torna a "pedra angular" das condições de produção ou do "regime de autonomia" da escrita da história. Ao mesmo tempo, Eliana Dutra mostra que a historiografia brasileira contemporânea tem um relevante papel nas disputas e combates para a construção de uma sociedade mais justa e democrática (Dutra, 2013b:45-70). Nesse sentido, é digno de nota a participação de Luiz Felipe de Alencastro (2010) no debate sobre cotas no Brasil. De todo modo, temos consciência que enfatizar esses percursos envolveria outro livro.

Mas não temos dúvida de que a perda de confiança nas narrativas de modernização, orientadas para o futuro, compõe parte essencial do cenário posterior ao abordado neste livro. A recepção à história dos conceitos no Brasil se dá nesse contexto de esvaziamento do projeto de modernidade e de utopias e projetos de futuro (Alencastro, 2010:179). A história dos conceitos no Brasil teve a característica de relacionar-se fortemente com a teoria e a história da historiografia. Koselleck enfatizara a historicização como traço fundamental da modernidade, isto é, o fato de o projeto moderno envolver a garantia das condições de produção do conhecimento histórico. Portanto, a crítica às narrativas relacionadas com a modernização e a modernidade, característica da geração da redemocratização, que realiza suas pesquisas (ou entra para a pós-graduação), *grosso modo*, entre os anos 1990 e início do século XXI, ganha na história dos conceitos um aporte fundamental. E, com esse aporte, uma visada rumo à teoria e história da historiografia. A articulação específica que vivemos entre história da historiografia e teoria da história pode talvez ser vista como uma peculiaridade brasileira. Qual seja, o fato de a teoria da história ter se consolidado, como mostramos, como disciplina nos currículos, associada à história da historiografia, e sendo assumida, via de regra, por historiadores, e não por filósofos, como em várias partes da Europa, nos Estados Unidos e em outros países latino-americanos, onde comumente a disciplina de teoria é denominada "filosofia da história". Assim, haveria, no caso específico brasileiro, uma articulação entre produzir história da historiografia como pesquisa, para chegar à teoria da história? Por outro lado, um "namoro" renovado com a "crítica literária", "crítica ou estudos culturais" e "história cultural", por meio de autores como Luiz Costa Lima, Hayden White, Hans Gumbrecht ou Elias Palti, entre outros, tem também renovado as pesquisas em uma direção diversa da "teoria".

Embora tenhamos centrado nossa análise em textos, um índice inescapável desse movimento pertence à dimensão editorial. Por exemplo, as diversas edições de obras como a *Introdução aos estudos históricos* (primeira edição de 1961), organizada por Jean Glénisson, e a circulação das reflexões em periódicos como a *Revista de História* da USP são, simultaneamente, sintomas e estímulos da produção em história da historiografia ao longo da segunda metade do século XX.

Com efeito, essa questão se relaciona, também, com a questão da temporalidade. O debate teórico fundamental pode ser considerado o debate em torno da modernidade, em particular, da modernidade "periférica", sobretudo sua caracterização a partir de condições culturais (Roberto Vecchi nota a popularidade, no Brasil dos anos 1980, da obra *Tudo que é sólido desmancha no ar*, de Marshall Berman, e sua interpretação da dimensão cultural como o que caracteriza a condição periférica moderna) (Vecchi, 2014:20). O pensamento sobre a modernidade (enriquecido pela história dos conceitos) conduz à perspectiva delineada no panorama citado anteriormente: uma história da historiografia que passaria do estudo empírico das experiências do tempo e dos regimes de historicidade no pensamento histórico brasileiro para uma discussão teórico-conceitual dessas próprias noções. Discussão que se dá não necessariamente pelo contraste do caso brasileiro com outras experiências, mas pela discussão *a partir* do Brasil, em diálogo com outros centros.

O valor de experiências periféricas, ou regionais, aparece para a que talvez seja a perspectiva de síntese em história da historiografia de maior apelo atualmente: a história *global* da historiografia. As perspectivas das histórias globais e transnacionais[128] oferecem possibilidades de articular diversas histórias da historiografia, teoricamente em uma dinâmica sem hierarquias (isto é, sem a Europa como centro). O que talvez ainda careça de maior consideração é a forma de articular as histórias da historiografia globais: uma reflexão teórica e conceitual que as relacione de um modo não apenas cumulativo. Evitando, dessa maneira, que esse esforço retome, ainda que não conscientemente, a metáfora do edifício das histórias gerais oitocentistas.

De uma história da historiografia que surge como reflexão e balanço sobre o fazer histórico a uma história da historiografia que realiza seus próprios balanços e autorreflexões, a trajetória que buscamos traçar capta algumas reflexões de historiadores brasileiros, em diferentes momentos, questionando seu próprio ofício por meio de sua historicização. No caminho, o conceito de historiografia cristalizou-se como articulador dos desejos e expectativas dos historiadores, em particular, da historiografia universitária. A cada momento de produção dessas análises, uma temporalidade específica se apresenta: o momento da escrita das análises produz uma história da historiografia por meio da articulação entre campo de experiência e horizonte de expectativa. Essa articulação, como não poderia deixar de ser, foi sempre atravessada por legados, ausências e necessidades.

---

[128] Ver, por exemplo, Igger, Wang e Mukherjee (2008).

Esperamos que este livro possa ser útil para que possamos criar hoje novas articulações.

Por conseguinte, a história da historiografia no Brasil no final do século XX, início do século XXI, se desenvolve no contexto de uma revisão do pensamento sobre a modernidade, e dos projetos (expectativas e perspectivas) de futuro. Faz parte desse processo, ainda mais em tempos de história pública digital, de intensa popularização da história e talvez até uma história/historiografia pós-textual, maiores reflexões sobre certas ambições autoritárias do discurso histórico em monopolizar as representações do passado, isto é, de controlar uma "necessidade vital": compreender, explicar, interpretar e elaborar a preteridade do passado, no jogo entre apagamentos e permanências (Ricœur, 2007). A historiografia e a história da historiografia, assim, são apenas mais um lugar privilegiado nessa busca em restaurar alguma forma de comunicação entre presente, passado e futuro, construindo pontes entre expectativas e horizontes. A história da historiografia pode ser entendida, dentro dessa perspectiva, de forma ampla, como "investigação sistemática acerca das condições de emergência dos diferentes discursos sobre o passado" (Guimarães, 2003:92). Nesse sentido, dialogar com outras formas de pensar e escrever a história pode ser uma forma, como sugere, por exemplo, Ricœur, de mostrar, demonstrar e pensar o tempo como "folheado", "múltiplo" e "multidirecionado". Esse tipo de perspectiva aberta e democrática agrega outras dimensões à vida e ao vivido. Essa seria uma das formas de combater, no bom sentido da palavra, certo presente que tende a ser "onipresente" e "eterno", ou, mesmo, um presente que se atualiza em função de si próprio restringido as articulações entre campo de experiência e horizonte de expectativa. Nessa perspectiva, são bem-vindas nas reflexões sobre história da historiografia certas dimensões especulativas e/ou existenciais da relação entre os homens e o tempo. Afinal, nós fazemos a história e produzimos história porque somos históricos.[129]

A escrita da história, bem como o estudo da história da historiografia, ao refletir sobre a disciplina, pode contribuir, também, para construirmos uma concepção mais aberta da cidadania, capaz de abranger múltiplas pertenças. Nesse sentido, um dos desafios não é mais monumentalizar obras e autores. Entre vários campos de pesquisa, uma das urgências talvez seja não refletir mais sobre "livros que inventaram o Brasil" (Cardoso, 1993:21-35) e, sim, sobre os Brasis e os brasileiros que esses livros e textos construíram, sempre em uma perspectiva que esteja para além do território "nacional".

Para tal, é preciso que o conceito de historiografia continue se mostrando aberto e flexível. Nessa direção, Manoel Luiz Salgado Guimarães é novamente um bom conselheiro quando propõe que a historiografia deve ter como objetivo a "interrogação sistemática das memórias construídas". Nessa perspectiva, ao longo do livro, procuramos realizar, a partir de Paul Ricœur (2007), duas operações, entre outras possíveis, com relação à memória. Por um lado, o dever de memória, que consiste na obrigação de fazer justiça ao passado, por meio da lembrança. Por outro, o trabalho de memória, de crítica histórica, de esquecimento e luto ao mesmo tempo, que pode ser uma forma de evitar os excessos do dever de memória. Ciente dessas questões, Manoel Salgado Guimarães também propunha "um projeto para a historiografia como campo de investigação, que articula política, cultura histórica e uma história das formas de lembrar-se" (Guimarães, 2007). Trata-se, certamente, de um projeto que

---

[129] Cabe lembrar, ainda que rapidamente, que uma das questões do debate atual sobre o nosso presente animado por diversos autores de diferentes formas e perspectivas como Hartog, White e Gumbrecht é: o que chamamos de história e histórico ainda existe?

tem consciência dos limites da abordagem historiográfica e/ou epistemológica. Afinal, não custa destacar uma questão apontada por Paul Ricœur quando procura pensar sobre a condição histórica por meio de uma discussão sobre ontologia e historicidade, em forte diálogo com Heidegger. Para o filósofo, a competição entre o voto de fidelidade da memória e a intenção de verdade da história não pode ser decidida no plano epistemológico.

Nessa direção, estamos convictos que pensar sobre história por meio da história da historiografia, hoje, é buscar a felicidade do presente: "ouvir o apelo do passado significa também estar atento a esse apelo de felicidade e, portanto, de transformação do presente, mesmo quando ele parece estar sufocado e ressoar de maneira quase inaudível" (Gagnebin, 2006:12). De forma especulativa, podemos dizer que a história da historiografia, entendida em sua dimensão transdisciplinar, pode participar de um movimento amplo do conhecimento que visa problematizar dicotomias conceituais e axiológicas até então tidas como apropriadas e suficientes para a abordagem de uma série de acontecimentos, tais como sujeito-objeto, passado-presente, história-crônica, acontecimento-estrutura, teoria-empiria etc. Tais dicotomias começam a mostrar indícios de exaustão, o que faz com que sua reavaliação se torne urgente. Somos, assim, convocados a pensar e atuar "entre", "através" e "além" das disciplinas, gerando, assim, as condições de possibilidade de um novo éthos da práxis intelectual-científica (Domingues, 2001). O desafio, pois, é assumir uma posição epistêmica, metodológica e ética por meio da qual se torne possível um olhar sobre as fronteiras; aquelas mesmas fronteiras que demarcam o novo que desponta e o velho que se esvai. E sem aceitar "monopólios" ou "imperialismos" disciplinares, como o discurso sobre a interdisciplinaridade por muitas vezes legitimou. Novas e ousadas metodologias e as narrativas podem ser construídas a partir desse tipo de postura epistemológica aberta e experimental. Sem certa rigidez que pautou o debate sobre a questão metodológica no século XX, muitas vezes, apenas uma boa "desculpa" para fugir das responsabilidades sobre a fundamentação do conhecimento produzido.

Nesse processo, pode-se contribuir para que a narrativa produzida a respeito do passado não seja mais vista como "desveladora de um real preexistente e de sua verdade implícita, mas como parte de um complicado processo de elaboração e significação desse real a ser partilhado" (Guimarães, 2003:92). Esperamos, em função do que escrevemos, que nosso livro possa contribuir para pensar questões que o antropólogo Eduardo Viveiros de Castro talvez tenha formulado de forma mais radical: os conceitos (e suas distinções implícitas) de "social" e "cultural" ainda têm pertinência? Qual a relevância de uma "antropologia [diríamos: história] social ou cultural"? As alternativas para Castro oscilam entre repensar os adjetivos que acompanham a disciplina e/ou a elaboração de uma linguagem conceitual diversa (Viveiros de Castro, 2002:297-316). É uma postura radical, mas prudente, pois não abandona a história disciplinar.

Por fim, é preciso dizer que a releitura dos textos aqui utilizados como fontes a partir do nosso presente coloca-nos diante de dilemas ainda não resolvidos. Os autores trabalhados, em geral, vislumbraram outras possibilidades, outros horizontes, pois perceberam que a própria escritura e reescritura da história é plural, devem ser entendidos nas tensões constitutivas da escrita da história. Percebemos que entre as décadas de 1870 e 1970 houve grande preocupação com a relação entre síntese e estudo monográfico, teoria e empiria, objetividade e subjetividade, entre outras questões, que convergem para a formulação de um ideal de historiador e de caminhos para os "estudos históricos", a partir do momento em que seus textos foram publicados, configurando-se como intervenções na historiografia de seu tempo. Nessa direção, gostaríamos de salientar que as referidas tensões e/ou oposições relativas à forma como o conceito moderno de história foi pensado e utilizado permanecem, ainda que de forma difusa.[130] Em entrevista recente, Maria Odila Leite da Silva Dias afirmou: "Estamos cansados de generalidades. A meu ver, não faz nenhuma falta uma síntese ou mais uma teoria do Brasil. [...]. É difícil pensar em fazer síntese quando ainda desconhecemos grande parte da história do Brasil". Para Emília Viotti da Costa, no entanto, "as grandes sínteses são essenciais para o conhecimento do passado e para a elaboração de um projeto político. Mais do que úteis, elas são necessárias".[131] A esse respeito, em entrevista, em 2005, Reinhart Koselleck reafirmou as potencialidades do conceito moderno de história ao afirmar crer que "essa pluralização de história [também uma parte da experiência moderna, a seu ver] [...] prova a necessidade do co-

---

[130] Muito provavelmente, essas tensões e/ou oposições são fruto de uma contradição interna do conceito moderno de história apontada por Ricœur, em seu diálogo com Koselleck, nos seguintes termos: "a depreciação do passado não bastaria para minar de dentro a afirmação da história como totalidade autossuficiente se um efeito mais devastador não tivesse se acrescido a ela, a saber, a historização de toda a experiência humana. A valorização do futuro teria permanecido uma fonte de certeza se não tivesse sido acompanhada pela relativização de conteúdos de crenças considerados imutáveis. Talvez esses dois efeitos sejam potencialmente antagonistas, na medida em que o segundo — a relativização — contribui para minar o primeiro — a historização, até então acoplada a uma expectativa garantida por si mesma. É nesse ponto que a história do conceito de história desemboca numa ambiguidade que a crise do historicismo levará ao primeiro plano, mas que é como que um efeito perverso do que Koselleck chama de historização do tempo" (Ricœur, 2007:319).
[131] Moraes e Rego (2002:208 [Maria Odila] e p. 88 [Emília Viotti]). É preciso lembrar que, para Durval Muniz de Albuquerque Júnior, um "traço constante da crítica historiográfica brasileira é a tendência a estabelecer maniqueísmos, a resumir a pluralidade do campo historiográfico a uma espécie de jogo dual, onde o leitor é conclamado a tomar partido por um dos lados litigiantes" (Albuquerque Júnior, 2006:193). Pensamos que, de algum modo, Capistrano e Sérgio, nos textos analisados, procuraram ir além desse jogo.

letivo singular 'história' como instrumento de análise"; e, ainda, "que segue sendo pertinente o estudo das mudanças globais em escala universal".[132] Esse debate atual mostra-nos que a história da historiografia pode contribuir de forma original para a produção da contemporaneidade do não contemporâneo.

---

[132] Disponível em: <www.institucional.us.es/araucaria/entrevistas/entrevista_1.htm>. Acesso em: out. 2008.

Referências

ABREU, João Capistrano de. Necrológio de Francisco Adolfo de Varnhagen, visconde de Porto Seguro. In: ____. *Ensaios e estudos*: crítica e história, 1ª série. Rio de Janeiro: Livraria Briguiet, 1931.

____. *Ensaios e estudos*: crítica e história, 1ª série. 2. ed. Rio de Janeiro: Civilização Brasileira; Brasília: INL, 1975.

____. *Correspondência de Capistrano de Abreu*. Edição organizada e prefaciada por José Honório Rodrigues. 2. ed. Rio de Janeiro: Civilização Brasileira; Brasília: INL, 1977. v. 2.

ALBUQUERQUE JÚNIOR, Durval M. O historiador naïf ou a análise historiográfica como prática de excomunhão. In: GUIMARÃES, Manoel Luiz Salgado (Org.). *Estudos sobre a escrita da história*. Rio de Janeiro: 7Letras, 2006. p. 192-215.

ALENCASTRO, Luiz Felipe de. Cotas prós e contra. *Revista de História*, São Paulo, 2010. Disponível em: <www.revistadehistoria.com.br/secao/artigos/cotas-pros-e-contras>.

ALONSO, Angela. *Ideias em movimento*: a geração 1870 na crise do Brasil-Império. São Paulo: Paz e Terra, 2002.

ALVES, Fabrício Gomes. *Folheando páginas, descobrindo histórias*: a Revista de História e a difusão da historiografia dos Annales no Brasil (1950-1960). Dissertação (mestrado em história) — Universidade Federal da Paraíba, João Pessoa, 2010.

ANAIS da Anpuh. Disponíveis em: <http://anpuh.org/anais/>.

ANAIS do Encontro Internacional de Estudos Brasileiros e I Seminário de Estudos Brasileiros. São Paulo: IEB, 1972.

ANAIS do I Simpósio de Professores de História do Ensino Superior em 1961. Marília, 1962.

ANAIS do III Simpósio dos Professores Universitários de História. Franca, 1966.

ANAIS do V Simpósio Nacional dos Professores Universitários de História. São Paulo, 1971. v. II.

ANAIS do VI Simpósio Nacional dos Professores Universitários de História. São Paulo, 1973. v. II.

ANAIS do VII Simpósio Nacional dos Professores Universitários de História. São Paulo, 1974.

ANAIS do IX Simpósio Nacional da Associação dos Professores Universitários de História. São Paulo, 1979.

ANAIS do XI Simpósio Nacional de História. João Pessoa, jul. 1981.

ANDRADE, Mário de. Folclore. In: MORAES, Rubens Borba de; BERRIEN, Wiliam. *Manual bibliográfico de estudos brasileiros*. Rio de Janeiro: Gráfica Editora Souza, 1949. p. 285-318.

____. *Aspectos da literatura brasileira*. São Paulo: Livraria Martins Editora, 1974.

____. *Cartas de trabalho*. Correspondência com Rodrigo Melo Franco de Andrade (1936-1945). Brasília: Ministério da Educação e Cultura, Secretaria do Patrimônio Artístico e Histórico Nacional, Fundação Pró-Memória, 1981.

____. *O turista aprendiz*. São Paulo: Duas Cidades, 1983.

____. *Poesias completas*. Belo Horizonte: Itatiaia; São Paulo: Edusp, 1987.

ANHEZINI, Karina. Na entrecena da construção da história no Brasil (1878-1934). In: MEDEIROS, Bruno Franco et al.

(Org.). *Teoria e historiografia*: debates contemporâneos. Jundaí: Paco, 2015.

ARANTES, Paulo Eduardo. *Um departamento francês de ultramar*. Estudos sobre a formação da cultura filosófica uspiana (uma experiência nos anos 60). São Paulo: Paz e Terra, 1994.

ARAÚJO, Ricardo Benzaquen de. Ronda noturna. Narrativa, crítica e verdade em Capistrano de Abreu. *Estudos Históricos*, Rio de Janeiro, v. 1, n. 1, p. 28-54, jan. 1988.

ARAUJO, Valdei Lopes de. Sobre o lugar da história da historiografia como disciplina autônoma. *Locus: Revista de História*, Juiz de Fora, v. 12, n. 1, p.79-94, 2006.

____. *A experiência do tempo*: conceitos e narrativas na formação nacional brasileira (1813-1845). São Paulo: Hucitec, 2008.

____. O século XIX no contexto da redemocratização brasileira: a escrita da história oitocentista, balanço e desafios. In: OLIVEIRA, Maria da Glória; ARAUJO, Valdei Lopes de (Org.). *Disputas pelo passado*: história e historiadores no Império do Brasil. Ouro Preto: Edufop/PPGHIS, 2012. p. 8-41.

____. História da historiografia como analítica da historicidade. *História da Historiografia*, Ouro Preto, n. 12, p. 34-44, 2013.

____. Historiografia, nação e os regimes de autonomia na vida letrada no Império do Brasil. *Varia Historia*, Belo Horizonte, v. 31, p. 364-400, 2015a.

____. The history of concepts and the history of historiography: a Brazilian trajectory. Contributions do theory and comparative history of historiography: German and Brazilian perspectives. In: FERNANDES, Luiz Estevam de Oliveira; PEREIRA, Luisa Rauter; MATA, Sergio da (Ed.). Frankfurt: Peter Lang, 2015b. p. 175-193.

____; PIMENTA, João Paulo G. História (conceito de). In: FERES, JÚNIOR, João (Org.). *Léxico da história dos conceitos políticos do Brasil*. Belo Horizonte: Editora da UFMG, 2009. p. 119-140.

ARENDT, Hannah. *Entre o passado e o futuro*. São Paulo: Perspectiva, 1992.

ATHAYDE, Tristão de (Alceu Amoroso Lima). A anti-história. *Revista de História*, São Paulo, n. 100, p. 761-768, 4. trim. 1974.

AUBERT, Eduardo Henrik. *Pedro Moacyr Campos e a história medieval no Brasil*: apontamentos e testemunhos. s.d. Mimeografado.

BERGER, Mark. *Under Northern eyes*: Latin American studies and U.S. hegemony in the Americas, 1898-1990. Bloomington: Indiana University Press, 1995.

BESSELAAR, José Van Den. Introdução aos estudos históricos I. *Revista de História*, São Paulo, n. 20, p. 407-493, 1954.

_____. *Introdução aos estudos históricos*. São Paulo: Herder, 1958.

BESSONE, Tânia Maria. *Palácios de destinos cruzados*: bibliotecas, homens e livros no Rio de Janeiro, 1870-1920. Rio de Janeiro: Arquivo Nacional, 1999.

BEZERRA, Alcides. *Os historiadores do Brasil no século XIX*. Rio de Janeiro: Oficinas Gráficas do Arquivo Nacional, 1927. Separata do Relatório Anual da Diretoria do Arquivo Nacional referente a 1926, apresentado ao Ministério da Justiça e Negócios Interiores.

BIGNOTTO, Cilza Carla. Novas perspectivas sobre as práticas editoriais de Monteiro Lobato (1918-1925). Tese (doutorado em teoria e crítica literária) — Universidade Estadual de Campinas, Campinas, 2007.

BLANKE, Horst Walter. Para uma nova história da historiografia. In: MALERBA, Jurandir. *A história escrita*: teoria e história da historiografia. São Paulo: Contexto, 2006. p. 21-40.

BOMFIM, Manuel. *A América Latina*. Males de origem. Rio de Janeiro; Paris: Livraria Garnier, 1905.

BOUCHERON, Patrick; DALALANDE, Patrick. *Por uma história-mundo*. Belo Horizonte: Autêntica, 2015.

BOUTIER, Jean; PASSERON, Jean-Claude; REVEL, Jacques (Ed.). *Qu'est-ce qu'une discipline?* Paris: Ehess, 2006.

BRAUDEL, Fernand. Pedagogia da história. [conferência pronunciada em setembro de 1936 no Instituto de Educação em colaboração com a Faculdade de Filosofia, Ciências e Letras da Universidade de São Paulo]. *Revista de História*, São Paulo, n. 23, p. 3-21, 1955.

____; PAULA, Euripedes Simões. Lucien Febvre 1878-1956. *Revista de História*, São Paulo, n. 28, p. 411-412, 1956.

BUENO, Clodoaldo. Da pax britânica à hegemonia norte-americana: o integracionismo nas Conferências Internacionais Americanas (1826-1906). *Estudos Históricos*, Rio de Janeiro, n. 20, p. 231-250, 1997.

BURNS, E. Bradford. *Perspectives on Brazilian history*. Nova York: Columbia University Press, 1967.

CALDAS, Pedro S. P. A atualidade de Johann Gustav Droysen: uma pequena história de seu esquecimento e de suas interpretações. *Locus: Revista de História*, Juiz de Fora, v. 12, p. 95-111, 2006.

CALDEIRA, João Ricardo de Castro. *IEB*: origem e significados. São Paulo: Oficina do Livro Rubens Borba de Morais; Imprensa Oficial do Estado, 2002.

CAMPOS, Pedro Moacyr. O estudo da história na faculdade de filosofia, ciências e letras da Universidade de São Paulo. *Revista de História*, São Paulo, n. 88, p. 47-84, 1954.

____. Esboço da historiografia brasileira nos séculos XIX e XX. *Revista de História*, São Paulo, n. 45, p. 107-159, 1. trim. 1961a.

____. Esboço da historiografia brasileira nos séculos XIX e XX. In: GLÉNISSON, Jean. *Introdução aos estudos históricos*. São Paulo: Difel, 1961b. p. 250-293.

CANABRAVA, Alice. Apontamentos sobre Varnhagen e Capistrano. *Revista de História*, São Paulo, v. 88, n. 18, out./dez. 1971.

____. Roteiro sucinto do desenvolvimento da historiografia brasileira. In: SEMINÁRIO DE ESTUDOS BRASILEIROS, I. *Anais*... São Paulo: IEB/USP, 1972. v. II, p. 4-9.

CANDIDO, Antonio. *Formação da literatura brasileira*. Belo Horizonte; Rio de Janeiro: Itatiaia Limitada, [1959].

____. "Debate com Fernando Novais, Antonio Arnoni Prado e Antonio Carlos Peixoto". In: III Colóquio Uerj: Sérgio Buarque de Holanda. Rio de Janeiro: Imago, 1992.

____. *A educação pela noite*. Rio de Janeiro: Ouro Sobre Azul, 2006.

____. Lembrança de Mário de Andrade. In:____. *O observador literário*. Rio de Janeiro: Ouro sobre Azul, 2008. p. 33-70.

CAÑIZARES-ESGUERRA, Jorge; SEEMAN, Erik R. *The Atlantic in global history, 1500-2000*. New Jersey: Prentice Hall, 2006.

____; FERNANDES, Luiz Estevam de O.; MARTINS, Maria Cristina Bohn. *As Américas na primeira modernidade*. Curitiba: Prismas, 2017. (no prelo)

CAPELATO, Maria Helena Rolim; GLEZER, Raquel; FERLINI, Vera Lúcia Amaral. Escola uspiana de história. Estudos avançados [online], São Paulo, v. 8, n. 22, p. 349-358, 1994. Disponível em: <www.scielo.br/scielo.php?script=sci_arttext&pid=S0103-40141994000300044&lng=en&nrm=iso>. Acesso em: 17 nov. 2016.

CARBONELL, Charles-Oliver. *Pour une histoire de l'historiographie*. Storia della storiografia. Milão: Jaca Book, 1982. v. 1, p. 7-25.

CARDOSO, Fernando Henrique. Livros que inventaram o Brasil. *Novos Estudos Cebrap*, São Paulo, n. 37, p. 21-35, nov. 1993.

CARVALHO, Marcus Vinicius Corrêa. *Outros lados*: Sérgio Buarque de Holanda, crítica literária, história e política (1920-1940). Tese (doutorado) — Universidade de Campinas, Campinas, 2003.

CARVALHO FRANCO, Maria Sylvia de. As ideias estão em seu lugar. *Cadernos de Debate*, n. 1, p. 61-64, 1976.

CASTRO, Amélia Domingues de. Alguns problemas do ensino de história I [conferência]. *Revista de História*, São Paulo, n. 24, p. 257-266, 1955.

CASTRO, Eduardo Viveiros de. Sobre a noção de etnocídio, com atenção especial para o caso brasileiro. Disponível em: <www.academia.edu/25782893/Sobre_a_no%C3%A7%-C3%A3o_de_etnoc%C3%ADdio_com_especial_aten%-C3%A7%C3%A3o_ao_caso_brasileiro>.

____. Sobre os modos de existência dos coletivos extramodernos. s.d. Disponível em: <www.academia.edu/21559561/Sobre_o_modo_de_existencia_dos_coletivos_extramodernos>.

____; CUNHA, Manuela Carneiro da. Vingança e temporalidade: os Tupinambá. *Journal de la Société des Américanistes*, t. 71, p. 191-208, 1985.

CEZAR, Temístocles. Como deveria ser escrita a história do Brasil no século XIX. Ensaio de história intelectual. In: PESAVENTO, Sandra (Org.). *História cultural*: experiências de pesquisa. Porto Alegre: Editora da UFRGS, 2003. p. 173-208.

____. Lição sobre a escrita da história: historiografia e nação no Brasil do século XIX. *Diálogos*, Maringá, v. 8, p. 11-29, 2004.

____. O poeta e o historiador. Southey e Varnhagen e a experiência historiográfica no Brasil do século XIX. *História Unisinos*, São Leopoldo, v. 11, p. 306-312, 2007a.

____. Varnhagen em movimento: breve antologia de uma existência. *Topoi*, Rio de Janeiro, v. 8, n. 15, 159-207, 2007b.

____. Escrita da história e tempo presente na historiografia brasileira. In: DUTRA, Eliana de Freitas (Org.). *O Brasil em dois tempos*: história, pensamento social e tempo presente. Belo Horizonte: Autêntica, 2013. p. 29-46.

_____. Por que ler a história do século XIX hoje? In: SNHH — O HISTORIADOR BRASILEIRO E SEUS PÚBLICOS, SBTHH — UFES, 9., 23-25 maio 2016, Vitória.

CHAKRABARTY, Dipesh. *The calling of history*: sir Jadunath Sarkar and his empire of truth. Chicago: University of Chicago Press, 2015.

_____. *Provincializing Europe*: postcolonial thought and historical difference. Princeton, NJ: Princeton University Press, 2000.

CONRAD, Robert. João Capistrano de Abreu, Brazilian historian. *Revista de História de América*, n. 59, p. 234-256, 1965.

CÔRTES, Norma. Debates historiográficos brasileiros: a querela contra o historicismo. In: MOLLO, Helena et al. (Org.). *A dinâmica do historicismo*: revisitando a historiografia moderna. Belo Horizonte: Argvmentvm, 2009. p. 71-99.

COSTA, Emília Viotti da. Os objetivos do ensino da história no curso secundário. *Revista de História*, São Paulo, n. 29, p. 123-176, 1957.

COSTA, João Cruz. Esboço duma história das ideias no Brasil na primeira metade do século XX (I). *Revista de História*, n. 19, p. 179-194, 1954.

_____. A universidade latino-americana: suas possibilidades e responsabilidades. *Revista de História*, São Paulo, n. 46, p. 369-411, 1961.

COSTA, Marcos (Org.). *Por uma nova história*. São Paulo: Perseu Abramo, 2004.

CROUZET, Maurice. *História geral das civilizações*. São Paulo: Difusão Europeia do Livro, 1955-1958. 17 v.

DAVIS, Natalie Zemon. 1. Decentering history: local stories and cultural crossings in a global world. *History and Theory*, v. 50, n. 2, p. 188-202, 2011.

REFERÊNCIAS

DIAS, Maria Odila Leite da Silva. *O fardo do homem branco*: Southey, historiador do Brasil. São Paulo: Companhia Editora Nacional, 1974.

____. Sérgio Buarque de Holanda, historiador. In: HOLANDA, Sérgio Buarque de. *Sérgio Buarque de Holanda*. São Paulo: Ática, 1985. p. 7-60. (Grandes Cientistas Sociais, n. 51).

____. Sérgio Buarque de Holanda na USP. *Estudos Avançados*, São Paulo, v. 8, n. 22, p. 169-174, 1994.

____. Dialogando com Sérgio Buarque de Holanda. *Ciência e Cultura*, São Paulo, v. 54, n. 1, 2002. Disponível em: <http://cienciaecultura.bvs.br/scielo.php?script=sci_arttext&pid=S0009-67252002000100036&lng=en&nrm=iso>. Acesso em: 15 dez. 2008.

DOMANSKA, Ewa. Beyond anthropocentrism in historical studies. *Historein*, v. 10, p. 118-130, 2010.

DOMINGUES, Ivan (Org.). *Conhecimento e transdisciplinaridade*. Belo Horizonte: Ieat/UFMG, 2001.

DETIENNE, Marcel. *Comparar o incomparável*. São Paulo: Ideias & Letras, 2004.

DUTRA, Eliana de Freitas. A tela imortal. O Catálogo da Exposição de História do Brasil de 1881. *Anais do Museu Histórico Nacional*, Rio de Janeiro, v. 37, p. 159-179, 2005.

____. Mediação intelectual e percursos da cultura no Brasil dos anos 30. In: RODRIGUES, Elenice; KOHLER, Eliane (Org.). Travessias e cruzamentos culturais — A mobilidade em questão. Rio de Janeiro: FGV Ed., 2008. v. 1, p. 149-171.

____. Editores, intelectuais e a Coleção Brasiliana. In: WALTY, Ivete Lara Camargo; CURY, Maria Zilda Ferreira; ALMEIDA, Sandra Regina Goulart (Org.). *Mobilidades culturais*: agentes e processos. Belo Horizonte: Veredas & Cenários, 2009. p. 125-141.

_____. História e historiadores na Coleção Brasiliana. O presentismo como perspectiva? In: DUTRA, Eliana (Org.). *O Brasil em dois tempos*: história, pensamento social e tempo presente. Belo Horizonte: Autêntica, 2013a.

_____. Une practique au carrefour; l'historiographie brésilienne et ses défis contemporaines. *Revue Tiers Monde*, v. 4, p. 45-70, 2013b.

ELLIS JR., Alfredo. História ciência. *Revista de História*, n. 10, 1952.

EUGÊNIO, João Kennedy. *Ritmo espontâneo*: organicismo em *Raízes do Brasil* de Sérgio Buarque de Holanda. Teresina: Editora da UFPI, 2011.

FABIANI, Jean-Louis. À quoi sert la notion de disciplina? In: BOUTIER, Jean; PASSERON, Jean-Claude; REVEL, Jacques (Ed.). *Qu'est-ce qu'une discipline*? Paris: Ehess, 2006.

FALCON, Francisco José Calazans. A identidade do historiador. *Estudos Históricos*, Rio de Janeiro, v. 17, p. 7-31, 1996.

_____. História e historiografia nos anos 50 e 60 do ponto de vista da Cadeira de História Moderna e Contemporânea da Faculdade Nacional de Filosofia. In: SILVA, Francisco Carlos Teixeira da (Org.). *Escritos sobre história e educação*. Rio de Janeiro: Mauad; Faperj, 2001.

_____. A historiografia fluminense a partir dos anos 1950/1960: algumas direções de pesquisa. In: GLEZER, Raquel (Org.). *Do passado para o futuro*. Edição comemorativa dos 50 anos da Anpuh. São Paulo: Anpuh, 2011a. v. 1.

_____. *Estudos de teoria da história e historiografia*. São Paulo: Hucitec, 2011b.

FARIA, Daniel. *O mito modernista*. Uberlândia: Universidade Federal de Uberlândia, 2006.

FAUSTO, Boris. Organizando a História Geral da Civilização Brasileira (entrevista). *Estudos Históricos*, Rio de Janeiro, n. 1, p. 162-166, 1988.

FEBVRE, Lucien. As vidas das palavras e a história. *Revista de História*, São Paulo, n. 15, 1953.

FERREIRA, Antonio Celso. A historiografia profissional paulista: expansão e descentramento. In: GLEZER, Raquel (Org.). *Do passado ao futuro*: edição comemorativa dos 50 anos da Anpuh. São Paulo: Contexto, 2011. v. 1, p. 321-341.

FERREIRA, Marieta de Moraes. *A história como ofício*. A constituição de um campo disciplinar. Rio de Janeiro: FGV Ed., 2013a.

_____. O lado escuro da força: a ditadura militar e o curso de história da Faculdade Nacional de Filosofia da Universidade do Brasil (FNFi/UB). *História da Historiografia*, Ouro Preto, n. 11, 2013b.

FICO, Carlos. Algumas anotações sobre historiografia, teoria e método no Brasil dos anos 1990. In: GUAZZELLI, Cesar Augusto Barcellos et al. *Questões de teoria e metodologia da história*. Porto Alegre: Editora da UFRGS, 2000.

FIGUEIREDO, Fidelino. Historiografia portuguesa do século XX. *Revista de História*, São Paulo, n. 20, 1954.

FLEIUSS, Max. Resenha. *Revista do Instituto Histórico e Geográfico Brasileiro*, Rio de Janeiro, t. 97, v. 151, p. 322, 1925.

FONSECA, Roberto Piragibe da. *Manual da teoria da história*. Rio de Janeiro; São Paulo; Lisboa: Fundo de Cultura, 1967.

FOUCAULT, Michel. *Les mots et les choses*. Une archéologie des sciences humaines. Paris: Gallimard, 1966.

FRANÇA, Eduardo d'Oliveira. Teoria geral da história. *Revista de História*, São Paulo, n. 7, 1951.

FRANÇA, Eduardo d'Oliveira. O novo currículo do departamento de História da Faculdade de Filosofia, Letras e Ciências Humanas da Universidade de São Paulo para 1971. *Revista de História*, São Paulo, n. 88, p. 535-547, 4. trim. 1971.

FRANCO NETO, Mauro. *Ciência, evolução e experiência do tempo no fin-de-siècle*: estudos e revisões sobre letrados brasileiros e argentinos. Dissertação (mestrado) — Pontifícia Universidade Católica do Rio de Janeiro, Rio de Janeiro, 2015.

FRANZINI, Fábio. À *sombra das palmeiras*: a coleção Documentos Brasileiros e as transformações da historiografia nacional (1936-1959). Rio de Janeiro: Casa de Rui Barbosa, 2010.

_____. Escrever textos, editar livros, fazer história: a coleção Documentos Brasileiros e as transformações da historiografia nacional (1936-1960). *Revista Tempo e Argumento*, Florianópolis, v. 5, n. 9, p. 24-45, 2013.

_____. Esboço para um autorretrato: observações e impressões sobre a reflexão historiográfica no Brasil do entre séculos (1990-2010). In: MEDEIROS, Bruno Franco et al. (Org.). *Teoria e historiografia*: debates contemporâneos. Jundiaí: Paco, 2015. p. 195-210.

_____; GONTIJO, Rebeca. Memória e história da historiografia no Brasil: a invenção de uma moderna tradição, anos 1940-1960. In: SOIHET, Rachel et al. (Org.). *Mitos, projetos e práticas políticas*: memória e historiografia. Rio de Janeiro: Civilização Brasileira, 2009. p. 141-160.

FREIXO, Andre de Lemos. A arquitetura do novo: ciência e história da história do Brasil em José Honório Rodrigues. Tese (doutorado) — Universidade Federal do Rio de Janeiro, Rio de Janeiro, 2012.

FREYRE, Gilberto. *Brazil*: an interpretation. Nova York: A. A. Knopf, 1945.

_____. República. In: MORAES, Rubens Borba de; BERRIEN Wiliam. *Manual bibliográfico de estudos brasileiros*. Rio de Janeiro: Gráfica Editora Souza, 1949.

REFERÊNCIAS

____. Ousadia e redenção: o Instituto de Pesquisa Histórica de José Honório Rodrigues. *História da Historiografia*, Ouro Preto, n. 11, p. 140-161, 2013.

GAGNEBIN, Jeanne Marie. *Lembrar escrever esquecer*. São Paulo: Ed. 34, 2006.

GLEZER, Raquel. *Fazer e o saber na obra de José Honório Rodrigues*: um modelo de análise historiográfica. Tese (doutorado) — Universidade de São Paulo, São Paulo, 1977.

GODINHO, Vitorino Magalhães. A historiografia portuguesa — orientações — problemas — perspectivas [conferência]. *Revista de História*, São Paulo, n. 21-22, 1955.

GOMES, Angela M. de C.; LESSA, Pedro. Reflexões sobre o conceito de história. In: NICOLAZZI, Fernando (Org.). *História e historiadores no Brasil*: do fim do Império ao alvorecer da República — c. 1870-1940. Porto Alegre: EdiPUCRS, 2015. v. 1, p. 67-168.

GONÇALVES, Marcia de Almeida; GONTIJO, Rebeca. Sobre história, historiografia e historiadores: entrevista com Francisco José Calazans Falcon. *História da Historiografia*, Ouro Preto, n. 7, nov./dez. 2011.

GONTIJO, Rebeca. *O velho vaqueano*: Capistrano de Abreu, da historiografia ao historiador. Ediotora da UFF, Niterói, 2006.

____. A história da historiografia no Brasil, 1940-1970: apontamentos para sua escrita. In: SIMPÓSIO NACIONAL DE HISTÓRIA — ANPUH, 26., 2011, São Paulo. *Anais...* Disponível em: <http://www.snh2011.anpuh.org/resources/anais/14/1300912250_ARQUIVO_ANPUH2011TextoRebecaGontijo.pdf>.

____. Tal história, qual memória? Contribuições para pensar a escrita da história da historiografia no Brasil, 1940-1970. In: SILVA, Ana Rosa Cloclet da; NICOLAZZI, Fernando; PEREIRA,

Mateus. *Contribuições à história da historiografia luso-brasileira*. São Paulo: Hucitec; Belo Horizonte: Fapemig, 2013.

____. Revisionismo, crítica e prospecção na história da historiografia no Brasil, anos 70. In: SIMPÓSIO NACIONAL DE HISTÓRIA, 28., 2015, Florianópolis.

GUIMARÃES, Eduardo Lima. A modernidade brasileira reconta as tradições paulistas. In: EUGÊNIO, João Kennedy; MONTEIRO, Pedro Meira. *Sérgio Buarque de Holanda*: perspectivas. Campinas: Editora da Unicamp; Rio de Janeiro: EdUerj, 2008.

GUIMARÃES, Lúcia Maria Paschoal. Francisco Adolfo de Varnhagen: a *História geral do Brasil*. In: MOTA, Lourenço Dantas (Org.). *Introdução ao Brasil*: um banquete no trópico 2. São Paulo: Senac-São Paulo, 2001.

____. A propósito do centenário de Sérgio Buarque de Holanda. Disponível em: <www.rj.anpuh.org/Anais/2002/Conferencias/Guimaraes%20Lucia%20M%20P.doc>. Acesso em: dez. 2008.

____. *Da Escola Palatina ao Silogeu*: Instituto Histórico e Geográfico Brasileiro, 1889-1938. Rio de Janeiro: Museu da República, 2006.

____. Sobre a história da historiografia brasileira como campo de estudos e reflexões. In: NEVES, Lúcia Maria Bastos Pereira das et al. *Estudos de historiografia brasileira*. Rio de Janeiro: FGV Ed., 2011.

GUIMARÃES, Manoel Luís Salgado. Nação e civilização nos trópicos: o IHGB e o projeto de uma história nacional. *Estudos Históricos*, Rio de Janeiro, n. 1, jan. 1988.

____. Memória, história e historiografia. In: BITTENCOURT, José Neves; BENCHETRIT, Sara Fassa; TOSTES, Vera Lúcia Bottrel. (Org.). *História representada*: o dilema dos museus. Rio de Janeiro: Museu Histórico Nacional, 2003. p. 75-96.

REFERÊNCIAS

____. Historiografia e cultura histórica: notas para um debate. Ágora, Santa Cruz do Sul, v. 11, n. 1, 2005.

____. Entre as luzes e o romantismo: as tensões da escrita da história no Brasil oitocentista. In: GUIMARÃES, Manoel Luiz Salgado (Org.). *Estudos sobre a escrita da história*. Rio de Janeiro: 7Letras, 2006.

____. Do litoral para o interior: Capistrano de Abreu e a escrita da história oitocentista. In: CARVALHO, José Murilo de; NEVES, Lúcia Maria Bastos Pereira das (Org.). *Repensando o Brasil do Oitocentos*. Cidadania, política e liberdade. Rio de Janeiro: Civilização Brasileira, 2009.

____. *Livro de fontes de historiografia brasileira*. Rio de Janeiro: EdUerj, 2010.

____. *Historiografia e nação no Brasil 1838-1857*. Rio de Janeiro: EdUerj, 2011.

____. Uma história da história nacional: textos de fundação. s.d. Disponível em: <www.coresmarcasefalas.pro.br/adm/anexos/11122008005626.pdf>. Acesso em: 10 ago. 2016.

HANKE, Lewis. Gilberto Freyre: Brazilian social historian. *Quarterly Journal of Inter-American Relations*, v. 1, n. 3, jul. 1939a.

____. Gilberto Freyre: historiador social brasileño. *Revista Hispánica Moderna*, Nova York, a. V, n. 2., abr. 1939b.

HARTOG, François. *Régimes d'historicité*: présentisme et expériences du temps. Paris: Seuil, 2003a.

____. Tempo, história e a escrita da história: a ordem do tempo. *Revista de História*, São Paulo, n. 148, p. 13, 1. sem. 2003b.

____. *Evidência da história*. O que os historiadores veem. Belo Horizonte: Autêntica, 2011.

HOLANDA, Sérgio Buarque de. *Raízes do Brasil*. Rio de Janeiro: José Olympio, 1936.

____. O líder morto. *Sombra*, Rio de Janeiro, v. 5, n. 41, p. 36-57, abr. 1945.

_____. Ofício de historiador. *Diário Carioca*, Rio de Janeiro, 16 jul. 1950.

_____. Algumas técnicas rurais no Brasil Colonial I, II, II. *Anhembi*, a. I, v. IV, n. 10, p. 16-25, set. 1951; a. I, v. IV, n. 10, p. 16-25, set. 1951; a. II, v. V, n. 14, p. 266-285, jan. 1952.

_____. As técnicas rurais no Brasil durante o século XVIII. In: COLÓQUIO INTERNACIONAL DE ESTUDOS LUSO--BRASILEIROS, s.n., out. 1950, Washington, DC. Anais... Nashville: The Vanderbilt University Press, 1953. p. 260-266.

_____. *História geral da civilização brasileira*: a época colonial — do descobrimento à expansão territorial. São Paulo: Difusão Europeia do Livro, 1961. t. I, v. 1.

_____. A herança colonial — sua desagregação. In: HOLANDA, Sérgio Buarque de (Org.). *História geral da civilização brasileira*. São Paulo: Difusão Europeia do Livro, 1972. t. II, v. 1, p. 9-39.

_____ (Org.). *Ranke*. São Paulo: Ática, 1979. (Grandes Cientistas Sociais, n. 8).

_____. *Monções*. São Paulo: Brasiliense, 1990.

_____. *Caminhos e fronteiras*. São Paulo: Companhia das Letras, 1994.

_____. *Raízes do Brasil*. 26. ed. São Paulo: Companhia das Letras, 1995.

_____. *Visão do paraíso*: os motivos edênicos no descobrimento e colonização do Brasil. 6. ed. 2. reimp. São Paulo: Brasiliense, 2002.

_____. O pensamento histórico no Brasil nos últimos 50 anos. In: EUGÊNIO, João Kennedy; MONTEIRO, Pedro Meira. *Sérgio Buarque de Holanda*: perspectivas. Campinas: Editora da Unicamp; Rio de Janeiro: EdUerj, 2008.

IEGELSKI, Francine. *História e antropologia*: notas de trabalho sobre as correlações entre modernidade, presentismo e perspectivismo ameríndio. Disponível em: <hwww.academia.edu/29618008/Hist%C3%B3ria_e_Antropologia_notas_de_trabalho_sobre_as_correla%C3%A7%C3%B5es_entre_modernidade_presentismo_e_perspectivismo_amer%C3%ADndio>. Acesso em: 5 dez. 2016.

IGGERS, Georg G. The professionalization of historical studies and the guiding assumptions of modern historical thought. In: KRAMER, Lloyd; MAZA, Sarah. *A companion to Western historical thought*. Oxford: Blackwell, 2002.

____; WANG, Q. Eduard; MUKHERJEE, Supriya. A global history of modern historiography. Harlow: Pearson Longman, 2008.

IGLÉSIAS, Francisco. *História e ideologia*. São Paulo: Perspectiva, 1971.

____. *Historiadores do Brasil*: capítulos de historiografia brasileira. Rio de Janeiro: Nova Fronteira; Belo Horizonte: Editora da UFMG, 2000.

IUMATTI, Paulo Teixeira. O percurso para o "sentido da colonização" e a dinâmica da historiografia brasileira nas primeiras décadas do século XX. In: ANDRADE, Manuel Correia de. *Redescobrindo o Brasil*. Recife: Universidade Federal do Recife, 2005.

____; VELLOZO, Júlio César de Oliveira. Conhecimento, política e instituições no Brasil (1889-1934). *Reflexos*. Revue Pluridisicplinaire du Monde Lusophone, n. 2, 2014. Disponível em: <http://e-revues.pum.univ-tlse2.fr/sdx2/reflexos/article.xsp?numero=2&id_article=varia_02teixeiraiumatis-492>. Acesso em: mar. 2014.

JANCOVICH, Mark. *The cultural politics of the new criticism*. Cambridge; Nova York: Cambridge University Press, 1993.

JANOTTI, Maria de Lourdes Mônaco. *João Francisco Lisboa, jornalista e historiador*. São Paulo: Ática, 1977.

KELLEY, Donald R. *History and the disciplines*. The reclassification of knowledge in Early Modern Europe. Rochester: University of Rochester Press, 1997.

____. Le problème du savoir et le concept de discipline. In: BOUTIER, Jean; PASSERON, Jean-Claude; REVEL, Jacques (Ed.). *Qu'est-ce qu'une discipline*? Paris: Ehess, 2006.

KOSELLECK, Reinhart. *Futuro passado*: contribuição à semântica dos tempos históricos. Rio de Janeiro: Contraponto; PUC-Rio, 2006.

LAFETÁ, João Luiz. *1930*: a crítica e o modernismo. São Paulo: Duas Cidades; Ed. 34, 2000.

LANDER, Edgardo; CASTRO-GÓMEZ, Santiago. *La colonialidad del saber*: eurocentrismo y ciencias sociales: perspectivas latinoamericanas. Buenos Aires: Consejo Latinoamericano de Ciencias Sociales (Clacso), 2000.

LAPA, José Roberto do Amaral. *A história em questão*: historiografia brasileira contemporânea. Petrópolis: Vozes, 1976.

____. *História e historiografia*: Brasil pós-64. Rio de Janeiro: Paz e Terra, 1985.

LATOUCHE, Serge. *Pequeno tratado do crescimento sereno*. São Paulo: Martins Fontes, 2009.

LATOUR, Bruno. *Enquête sur les modes d'existence*. Une anthropologie des Modernes. Paris: La Découverte, 2012.

LENCLUD, Gérard. L'antropologie et sa discipline. In: BOUTIER, Jean; PASSERON, Jean-Claude; REVEL, Jacques (Ed.). *Qu'est-ce qu'une discipline*? Paris: Ehess, 2006.

LEPENIES, Wolf. *As três culturas*. São Paulo: Edusp, 1996.

LIMA, Felipe Victor. *O Primeiro Congresso Brasileiro de Escritores*: movimento intelectual contra o Estado Novo (1945). Dissertação (mestrado) — Universidade de São Paulo, São Paulo, 2010.

REFERÊNCIAS

LIMA, Luiz Costa. A crítica literária na cultura brasileira no século XIX. In: _____. *Dispersa demanda*: ensaios sobre literatura e teoria. Rio de Janeiro: Francisco Alves, 1981. p. 30-55.

_____. Sérgio Buarque de Holanda: visão do Paraíso. EUGÊNIO, João Kennedy; MONTEIRO, Pedro Meira. *Sérgio Buarque de Holanda*: perspectivas. Campinas: Editora da Unicamp; Rio de Janeiro: EdUerj, 2008.

LISBOA, João Francisco. *Obras completas*. Edição e revisão de Luiz Carlos Pereira de Castro e Antônio Henriques Leal. São Luís do Maranhão: Tip. de B. de Mattos, 1864-1865. v. II.

LISBOA, José da Silva (visconde de Cairu). *História dos principaes successos politicos do Imperio do Brasil*, parte I. Rio de Janeiro: Typographia Imperial e Nacional, 1826.

LORENZ, Chris; BERGER, Stephan; MELMAN, Billie (Ed.). *Popularizing national pasts*: 1800 to the present. Nova York: Routledge, 2012.

LUCA, Tania Regina de. *A Revista do Brasil*: um diagnóstico para a (n)ação. São Paulo: Editora Unesp, 1999.

_____. *Leituras, projetos e (re)vistas(s) do Brasil (1916-1944)*. São Paulo: Editora Unesp, 2011.

LUCKAMANN, Thomas. *Conocimiento y sociedad*. Ensayos sobre acción, religión y comunicación. Madri: Trotta, 2008.

MAIGUASHCA, Juan. Historians in Spanish South America: cross-references between centre and periphery. In: MACINTYRE, Stuart; MAIGUASHCA, Juan; PÓK, Attila (Ed.). *Oxford history of historical writing*. Oxford: Oxford University Press, 2011. v. 4.

MALERBA, Jurandir. *A história escrita*: teoria e história da historiografia. São Paulo: Contexto, 2006.

MARQUES, António Henrique de Oliveira (Org., pref. e notas). *Antologia da historiografia portuguesa*. Volume I — Das origens a Herculano. Mira-Sintra: Publicações Europa-América, 1975.

MARQUES, Ana Luiza. José Honório Rodrigues: uma sistemática teórico-metodológica a serviço da história do Brasil. Dissertação (mestrado) — Departamento de História, Pontifícia Universidade Católica do Rio de Janeiro, Rio de Janeiro, 2000.

MARTIUS, Karl Friedrich Philipp von. Como se deve escrever a história do Brasil. *Revista do Instituto Histórico e Geográfico Brasileiro*, Rio de Janeiro, t. 6, 1844.

MEDEIROS, Bruno Franco. Plagiário, à maneira de todos os historiadores. Alphonse de Beauchamp e a escrita da história na França nas primeiras décadas do século XIX. Dissertação (mestrado) — História Social, Faculdade de Filosofia, Letras e Ciências Humanas, Universidade de São Paulo, São Paulo, 2011.

MELLO, Astrogildo Rodrigues de. Os estudos históricos no Brasil. *Revista de História*, n. 6, 1951.

MICELLI, Paulo. Sobre a história, Braudel e os vaga-lumes. A escola dos Annales e o Brasil (ou vice e versa). In: FREITAS, Marcos Cezar de (Org.). *Historiografia brasileira em perspectiva*. São Paulo: Contexto, 1998.

MICELI, Sérgio. *Intelectuais à brasileira*. São Paulo: Companhia das Letras, 2001.

MONTEIRO, Pedro Meira. *A queda do aventureiro*. Aventura, cordialidade e os novos tempos em *Raízes do Brasil*. Dissertação (mestrado) — Universidade de Campinas, Campinas, 1996.

____; EUGÊNIO, João Kennedy (orgs.) Sergio Buarque de Holanda: perspectivas. Campinas/Rio de Janeiro: Ed. Unicamp; Editora da uerj, 2008.

MORAES, José Geraldo Vinci de; REGO, José Márcio (Org.). *Conversas com historiadores brasileiros*. São Paulo: Ed. 34, 2007.

MORAES, Rubens Borba de; BERRIEN, William (Org.). *Manual bibliográfico de estudos brasileiros*. Rio de Janeiro: Gráfica Editora Souza, 1949.

MORESCHI, Marcelo Seravali. *A façanha auto-historiográfica do modernismo brasileiro. Brazilian modernism as an auto--historiographical avant-garde*. Santa Barbara, Calif.: University of California, 2010.

MOTA, Carlos Guilherme. *Ideologia da cultura brasileira (1933-1974)*. Pontos de partida para uma revisão histórica. São Paulo: Ática, 1977.

____. *História e contra-história*: perfis e contrapontos. São Paulo: Globo, 2010.

NABUCO, Joaquim. *Minha formação*. Rio de Janeiro; Paris: Livraria Garnier, 1900.

NASCIMENTO JÚNIOR, J. L. Memória e esquecimento: o centenário de Independência do Brasil, 1922. In: ENCONTRO DE HISTÓRIA DA ANPUH-RIO, 17. *Anais eletrônicos...* Rio de Janeiro: Anpuh-Rio, 2016. Disponível em: <www.encontro2016.rj.anpuh.org/resources/anais/42/1470675697_ARQUIVO_MemoriaeEsquecimento-770nciadoBrasil--1922-Revisado.pdf>. Acesso em: 10 set. 2016.

NETCHKINA, Milica Vasievna. *L'histoire de l'historiographie*. Problèmes méthodologiques de l'histoire de la science historique. Storia della Storiografia, Milão: Jaca Book, 1982. p. 108-111.

NEVES, Guilherme Pereira das. Chegará o tempo da história? *História da Historiografia*, Ouro Preto, n. 9, 2012.

NEVES, Lúcia Maria Bastos Pereira das et al. *Estudos de historiografia brasileira*. Rio de Janeiro: FGV Ed., 2011.

NICODEMO, Thiago Lima. *Urdidura do vivido*: Visão do paraíso e a obra de Sérgio Buarque de Holanda nos anos 1950. São Paulo: Edusp, 2008.

____. Os planos de historicidade na interpretação do Brasil de Sérgio Buarque de Holanda. *História da Historiografia*, Ouro Preto, n. 14, p. 44-61, 2014.

_____. O modernismo de estado e a política cultural brasileira na década de 1940: Candido Portinari e Gilberto Freyre nos EUA. *Revista Landa*, v. 5, n.1, 2016.

NICOLAZZI, Fernando. As virtudes do herege: ensaio, modernismo e escrita da história em *Casa-grande & senzala*. *Remate de Males*, v. 31, p. 255-282, 2011a.

_____. Um estilo de história: a viagem, a memória, o ensaio: sobre *Casa-grande & senzala* e a representação do passado. São Paulo: Editora Unesp, 2011b.

_____. *História e historiadores no Brasil*: do fim do império ao alvorecer da República: c. 1870-1940. Porto Alegre: Editora da PUC-RS, 2015.

_____. *O ensaísmo no Brasil*. s.d. Mimeografado.

_____. *Raízes do Brasil* e o ensaio histórico brasileiro: da história filosófica à síntese sociológica, 1836-1936. *Revista Brasileira de História (online)*, v. 36, p. 1-22, 2016.

NORA, Pierre. *Entre mémoire et histoire*. Les lieux de mémoire, tome 1, La République. Paris: Gallimard, 1984.

_____. Entre memória e história: a problemática dos lugares. *Projeto História*, São Paulo, n. 10, p. 7-28, dez. 1993.

NOVAIS, Fernando. Braudel e a Missão Francesa. *Estudos Avançados*, São Paulo, v. 8, n. 22, set./dez. 1994a.

_____ Prefácio. In: HOLANDA, Sérgio Buarque de. *Caminhos e fronteiras*. São Paulo: Companhia das Letras, 1994b.

NOVICK, Peter. *That noble dream*: the objectivity question and the American historical profession. Cambridge: Cambridge University, 2008.

ODÁLIA, Nilo. *As formas do mesmo*: ensaios sobre o pensamento historiográfico de Varnhagen e Oliveira Vianna. São Paulo: Editora Unesp, 1997.

OLIVEIRA, Francisco de. *Crítica à razão dualista/o ornitorrinco*. São Paulo: Boitempo, 2003.

OLIVEIRA, Maria da Glória. Crítica, método e escrita da história em João Capistrano de Abreu (1853-1927). Dissertação (mestrado em história) — Universidade Federal do Rio Grande do Sul, Porto Alegre, 2006.

____. A anotação e a escrita: sobre a história em capítulos de João Capistrano de Abreu. *História da Historiografia*, Ouro Preto, n. 2, p. 86-99, mar. 2009.

ONG, Walter. *Oralidade e cultura escrita*: a tecnolização da palavra. Campinas: Papirus, 1998.

PALTÍ, Elias. *El tiempo de la política*. Buenos Aires: Siglo XXI, 2007.

PAULA, Eurípedes Simões. O nosso programa. *Revista de História*, n. 1, 1950.

PEREIRA, Daniel Mesquita. *Descobrimentos de Capistrano*. A história do Brasil a "grandes traços e largas malhas". Tese (doutorado em história social da cultura) — Departamento de História, Pontifícia Universidade Católica do Rio de Janeiro, Rio de Janeiro, 2002.

PIMENTA, João Paulo Garrido; ARAUJO, Valdei Lopes de. Verbete "história". In: FERES JÚNIOR, João (Org.). *Léxico da história dos conceitos políticos do Brasil*. Belo Horizonte: Editora da UFMG, 2009.

POMBO, José da Rocha. Prefácio à história do Brasil, ilustrada (apresentação). In: NICOLAZZI, Fernando (Org.). *História e historiadores no Brasil*: do fim do império ao alvorecer da República: c. 1870-1940. Porto Alegre: EdiPUCRS, 2015. v. 1, p. 171-182.

PONTES, Heloisa. *Destinos mistos*. Os críticos do grupo Clima em São Paulo (1940-1968). São Paulo: Companhia das Letras, 1998.

PORTELLI, Alessandro. A filosofia e os fatos: narração, interpretação e significado nas memórias e nas fontes orais. *Tempo*, Rio de Janeiro, v. 1, n. 2, 1996.

PRADO JR., Caio. Segundo Reinado. In: MORAES, Rubens Borba de; BERRIEN Wiliam. *Manual bibliográfico de estudos brasileiros*. Rio de Janeiro: Gráfica Editora Souza, 1949.

_____. *Evolução política do Brasil e outros estudos*. São Paulo: Companhia das Letras, 2012.

RAMA, Ángel. *A cidade das letras*. São Paulo: Boitempo, 2015.

REVEL, Jacques. *História e historiografia*: exercícios críticos. Curitiba: Ed. UFPR, 2010.

REVISTA DO INSTITUTO HISTÓRICO E GEOGRÁFICO BRASILEIRO, Rio de Janeiro, t. I, 1839.

_____. Rio de Janeiro, t. 97, v. 151, 1925.

RICŒUR, Paul. *A memória, a história, o esquecimento*. Campinas: Editora da Unicamp, 2007.

RICUPERO, Bernardo. Da formação à forma. Ainda. *Lua Nova. Revista de Cultura e Política*, v. 73, p. 59-69, 2008.

ROCHA, João Cezar de. O exílio como eixo: bem-sucedidos e desterrados. In: EUGÊNIO, João Kennedy; MONTEIRO, Pedro Meira. *Sérgio Buarque de Holanda*: perspectivas. Campinas: Editora da Unicamp; Rio de Janeiro: EdUerj, 2008.

RODRIGUES, Henrique Estrada. As fronteiras da democracia na obra de Sérgio Buarque de Holanda. Tese (doutorado em filosofia) — Faculdade de Filosofia, Letras e Ciências Humanas, Universidade de São Paulo, São Paulo, 2005.

_____. O conceito de formação na historiografia brasileira. In: MEDEIROS, B. F. et al. (Org.). *Teoria e historiografia*: debates contemporâneos. São Paulo: Paco, 2015.

_____; NICOLAZZI, Fernando. Entrevista com François Hartog. *História da Historiografia*, Ouro Preto, n. 10, p. 351-371, dez. 2012.

RODRIGUES, José Honório. . Novas cartas de Capistrano de Abreu. *Revista de História*, São Paulo, n. 31, 1957a.

REFERÊNCIAS

_____. *Teoria da história do Brasil*. Introdução metodológica. 2. ed., rev., aum. e ilust. São Paulo: Companhia Editora Nacional, 1957b. v. 1.

_____. Afonso de Taunay e o revisionismo histórico. *Revista de História*, São Paulo, n. 35, 1958.

_____. *Conciliação e reforma no Brasil*. Interpretação histórico-política. Rio de Janeiro: Civilização Brasileira, 1965.

_____. *Teoria da história do Brasil*: introdução metodológica. 3. ed. São Paulo: Companhia Editora Nacional, 1969.

_____. História da história do Brasil. Primeira parte: Historiografia colonial. 2. ed. São Paulo: Companhia Editora Nacional, 1979.

RODRIGUES, Lidiane Soares. *A produção social do marxismo universitário em São Paulo*: mestres, discípulos e um "Seminário" (1958-1978). Tese (doutorado) — Programa de Pós-Graduação em História Social, Faculdade de Filosofia, Letras e Ciências Humanas, Universidade de São Paulo, São Paulo, 2011.

_____. Paradigma indiciário a serviço da história da historiografia. In: MEDEIROS, B. F. et al. (Org.). *Teoria e historiografia*: debates contemporâneos. São Paulo: Paco, 2015. p. 277-296.

RODRIGUES, Mara Cristina de Matos. A formação superior em história na UPA/URGS/UFGRS de 1943-1971. *História da Historiografia*, Ouro Preto, n. 11, p. 122-139, abr. 2013.

ROIZ, Diogo da Silva. A institucionalização do ensino universitário de geografia e história na Faculdade de Filosofia, Ciências e Letras da Universidade de São Paulo entre 1934 e 1956. *Ágora*, Santa Cruz do Sul, v. 13, n. 1, p. 65-104, jan./jun. 2007.

_____. *Os caminhos (da escrita) da história e os descaminhos de seu ensino*: a institucionalização do ensino de universitário de história na Faculdade de Filosofia, Ciências e Letras da Universidade de São Paulo (1934-1968). Curitiba: Appris, 2012.

ROJAS, Carlos Antônio Aguirre. *Braudel, o mundo e o Brasil.* São Paulo: Cortez, 2003.

ROMERO, Sílvio. *História da literatura brasileira.* [1888] 6. ed., org. e pref. por Nelson Romero. Rio de Janeiro: José Olympio, 1960.

ROSENTHAL, Erwin Theodor. Johan Huizinga. *Revista de História*, São Paulo, n. 16, 1953.

SÁ, Dominichi Miranda de. *Ideias sem fronteiras*: da generalidade à especialização no pensamento intelectual do Brasil republicano (1985-1935). Tese (doutorado em história social) — Instituto de Filosofia e Ciências Humanas, Universidade Federal do Rio de Janeiro, Rio de Janeiro, 2003.

SALVADOR, Vicente do, frei. *História do Brasil.* São Paulo; Rio de Janeiro: Weiszflog Irmãos, 1918.

SANCHES, Dalton. As escritas de (e sobre) Raízes do Brasil: possibilidades e desafios à história da historiografia. *História da Historiografia*, Ouro Preto, n. 9, 2012.

SÁNCHEZ CUERVO, Antolín; ZERMEÑO PADILLA, Guillermo. *El exilio español del 39 en México.* Mediaciones entre mundos, disciplinas y saberes. México: El Colegio de México, 2014.

SANTOS, Alessandra Soares. Francisco Iglésias e o curso de geografia e história da Faculdade de Filosofia de Minas Gerais (década de 1940). *História da Historiografia*, Ouro Preto, n. 11, p. 104-121, abr. 2013.

SANTOS, Pedro Afonso Cristovão dos. *História erudita e popular*: edição de documentos históricos na obra de Capistrano de Abreu. São Paulo: Universidade de São Paulo, 2009.

SCHWARZ, Roberto. As ideias fora do lugar. *Estudos Cebrap*, São Paulo, n. 3, 1973.

SERRANO, Gisella de Amorin. *Caravelas de papel*: o Acordo Cultural de 1941 e o pan-lusitanismo (1941-1949). Tese (doutorado em história) — Universidade Federal de Minas Gerais, Belo Horizonte, 2009.

SETH, Sanjay. Razão ou raciocínio? Clio ou Shiva? *História da historiografia*, Ouro Preto, n. 11, p. 173-189, abr. 2013.

SEVCENKO, Sevcenko. *Literatura como missão*: tensões sociais e criação cultural na Primeira República. São Paulo: Brasiliense, 1983.

SILVA, Ana B. *Diálogos sobre a escrita da história*: ibero-americanismo, catolicismo, (des)qualificação e alteridade no Brasil e na Argentina (1910-1940). Tese (doutorado) — Universidade Federal Fluminense, Niterói, 2011.

____. História e integração regional: intelectuais, convênios e livros no Brasil e na Argentina nas primeiras décadas do século XX. *História da Historiografia*, Ouro Preto, n. 18, p. 231-247, ago. 2015.

SILVA, Ana Rosa Cloclet da; NICOLAZZI, Fernando; PEREIRA, Mateus. *Contribuições à história da historiografia luso-brasileira*. São Paulo: Hucitec; Belo Horizonte: Fapemig, 2013.

SILVA, Antônio de Moraes. *Diccionario da lingua portugueza*. Quarta edição, reformada, emendada e muito acrescentada pelo mesmo autor: posta em ordem, correta, e enriquecida de grande número de artigos novos e dos sinônimos por Theotonio José de Oliveira Velho. Lisboa: Impressão Régia, 1831. t. II, F-Z.

SILVA, Rogério Forastieri da. *História da historiografia*: capítulos para uma história das histórias da historiografia. Bauru: Edusc, 2001.

SILVA, Taíse Tatiana Quadros da. A erudição ilustrada de Francisco Adolfo de Varnhagen (1816-77) e a passagem da historiografia das belas-letras à história nacional: breve análise histórica. In: GUIMARÃES, Manoel Luiz Salgado (Ed.). *Es-*

tudos sobre a escrita da história. Rio de Janeiro: 7Letras, 2006. p. 114-138.

SILVEIRA, Pedro Telles da. O cego e o coxo: crítica e retórica nas dissertações históricas da Academia Brasílica dos Esquecidos (1724-1725). Dissertação (mestrado) — Programa de Pós-Graduação em História, Universidade Federal de Ouro Preto, Mariana, 2012.

SOARES, Gabriela Pellegrino. Letramento e mediações culturais em "pueblos" indígenas do Centro-Sul do México no século XIX. *História Revista*, v. 15, p. 97-118, 2010.

SORÁ, Gustavo. *Brasilianas*: José Olympio e a gênese do mercado editorial brasileiro. São Paulo: Edusp, 2010.

SOUSA, Francisco Gouvea de. Revolta e proclamação como molduras da história: escrita da história e olhares para a República entre os sócios do IHGB. *História da Historiografia*, Ouro Preto, n. 18, 2015.

_____. Historiografias em tempos de redemocratização. In: FÓRUM DE TEORIA DA HISTÓRIA E HISTÓRIA DA HISTORIOGRAFIA DA UERJ, 2016, Rio de Janeiro.

SOUZA, Gabriel Soares de. *Tratado descriptivo do Brazil em 1587*. Rio de Janeiro: Typographia Universal de Laemmert, 1851.

SOUZA, Otávio Tarquínio de. Roteiro historiográfico da Independência ao advento de d. Pedro II. História dos fundadores do Império do Brasil. Rio de Janeiro: José Olympio, 1957. v. IX.

TATON, Rene. *História geral das ciências*. São Paulo: Difusão Europeia do Livro, 1959-1967. 14 v.

TAYLOR, Diana. *O arquivo e o repertório*: performance e memória cultural nas Américas. Belo Horizonte: Editora da UFMG, 2013.

TOTA, Antonio Pedro. *O imperialismo sedutor*. A americanização do Brasil na época da Segunda Guerra Mundial. São Paulo: Companhia das Letras, 2000.

TURIN, Rodrigo. Narrar o passado, projetar o futuro: Sílvio Romero e a experiência historiográfica oitocentista. Dissertação (mestrado) — Programa de Pós-Graduação em História, Universidade Federal do Rio Grande do Sul, Porto Alegre, 2003.

_____. Uma nobre, difícil e útil empresa: o ethos do historiador oitocentista. *História da Historiografia*, Ouro Preto, n. 2, mar. 2009.

_____. O 'selvagem' entre dois tempos: a escrita etnográfica de Couto de Magalhães. *Varia Historia*, Belo Horionte, v. 28, p. 781-803, 2012.

_____. História da historiografia e memória disciplinar: reflexões sobre um gênero. *História da Historiografia*, Ouro Preto, n. 13, p. 78-95, dez. 2013.

VANSINA, Jean. A tradição oral e sua metodologia. In: KI-ZERBO, Joseph (Ed.). *História geral da África* — metodologia e pré-história de África. São Paulo: Ática; Unesco, s.d.

VARNHAGEN, Francisco Adolfo de. *Varnhagen*: história. São Paulo: Ática, 1979. (Grandes Cientistas Sociais, n. 9).

VECCHI, Roberto. A periferia como obra: modernidades excêntricas a rearranjos luso-tropicalistas. *Revista do Instituto de Estudos Brasileiros*, São Paulo, n. 58, p. 17-34, jun. 2014.

VENANCIO, Gisele. Brasiliana segunda fase: percurso editorial de uma coleção que sintetiza o Brasil (1956-1993). In: DUTRA, Eliana Regina de Freitas (Org.). *O Brasil em dois tempos*. Belo Horizonte: Autêntica, 2013. p. 109-126.

VENTURA, Roberto. *Estilo tropical*. São Paulo: Companhia das Letras, 1991.

VIANA, Hélio. *Capistrano de Abreu*: ensaio bibiliográfico. Rio de Janeiro: MEC, 1955.

VIVEIROS DE CASTRO, Eduardo. O conceito de "sociedade" em antropologia. In: _____. *A inconstância da alma selvagem* — e outros ensaios de antropologia. São Paulo: Cosac Naify, 2002. p. 297-316.

ZEMELLA, Mafalda. Capistrano de Abreu, o homem e o historiador. *Revista de História*, São Paulo, n. 14, 1954.

ZERMEÑO PADILLA, Guillermo. História, experiência e modernidade na América ibérica, 1750-1850. *Almanack Braziliense*, n. 7, 2008.

WALKER, Lawrence D. The history of historical research and writing viewed as a branch of the history of science. *Storia della Storiografia*, Milão, n. 2, p. 102-107, 1982.

WEINSTEIN, Barbara. Pensando a história fora da nação: a historiografia da América Latina e o viés transnacional. *Revista Eletrônica da Anphlac*, n. 14, p. 13-29, jan./jun. 2013.

WEGNER, Robert. *A conquista do Oeste*: a fronteira na obra de Sérgio Buarque de Holanda. Belo Horizonte: Editora da UFMG, 2000.

____. Da generalidade à poeira dos arquivos: Sérgio Buarque de Holanda nos anos 1940. *Revista Contemporaneidade e Educação*, Rio de Janeiro, a. VII, n. 11, 2002.

____. Latas de leite em pó e garrafas de uísque: um modernista na universidade. In: EUGÊNIO, João Kennedy; MONTEIRO, Pedro Meira. *Sérgio Buarque de Holanda*: perspectivas. Campinas: Editora da Unicamp; Rio de Janeiro: EdUerj, 2008.

WEHLING, Arno. Capistrano de Abreu — a fase cientificista. *Revista do Instituto Histórico e Geográfico Brasileiro*, n. 311, p. 43-91, 1976.

____. Notas sobre a questão da hermenêutica em Sérgio Buarque de Holanda. In: EUGÊNIO, João Kennedy; MONTEIRO, Pedro Meira. *Sérgio Buarque de Holanda*: perspectivas. Campinas: Editora da Unicamp; Rio de Janeiro: EdUerj, 2008.

WERNER, Michel; ZIMMERMANN, Bénédicte. Penser l'histoire croisée: entre empirie et réflexivité. *Annales. Histoire, Sciences Sociales*, v. 58, n. 1, p. 7-36, 2003.

____; ____. *De la comparaison* à l'histoire croisée. Paris: Seuil, 2004.

Agradecimentos

Ao longo dessa caminhada, muitos colegas-amigos foram fundamentais. Agradecemos, em especial, a Fernando Nicolazzi, Henrique Estrada Rodrigues, Pedro Caldas, Paulo Teixeira Iumatti, Valdei Lopes de Araujo, Temístocles Cezar, Lúcia Maria Paschoal Guimarães, Lúcia Bastos Pereira das Neves, Guilherme Pereira das Neves, Marieta de Moraes Ferreira, Raquel Glezer, Daniel Faria, Helena Mollo, Eliana Dutra, Rebeca Gontijo, Maria da Glória Oliveira, André Freixo, Marcelo Abreu, Luisa Rauter, Rodrigo Turin, Júlio Bentivoglio, Márcia de Almeida Gonçalves, Gessica Gaio, Beatriz Vieira, Daniel Pinha, Eduardo Fellipe, Francisco Gouvea de Sousa, Eduardo Henrik Aubert, Angela de Castro Gomes, Antonio Dimas, Nelson Schapochnik, Fábio Franzini, Pedro Meira Monteiro, Rodrigo Lopes de Barros, Javier Uriarte, Luis Bernardo Pericás, Guillermo Zermeño Padilla, Ewa Domanska, Sanjay Seth, Ulrich Timme Kragh, José Lúcio Nascimento Jr., Thiago Sobreira Vailati, Bruna Shulte Moura, Claudio Correa, Renan Siqueira, Carolina Figueira, Patrícia Aranha, Mirian Santos, Igraine Sala Pereira, Elias Palti, Sérgio da Mata, Marcelo Rangel, José Carlos Reis, Dalton Sanches, Mauro Franco Neto, Francine Iegelski, João de Azevedo Duarte, Bruna Stutz Klem, Thais Lima Nicodemo, Stefan Rinke,

Luca Bacchini, Guilherme Leite, Ana Carolina Monay, Ana Carolina Borges, André Gustavo de Melo Araújo, Rogério Rosa, Luiza Laranjeira, Ana Maria Mauad, Laura de Mello e Souza, Peter Burke, Maria Lúcia Pallares-Burke, Herbert Klein, Luiz Estevam De Oliveira Fernandes, Henrique Gaio, Cairo Barbosa, Julia Toledo, Caroline Bauer, Eduardo Cardoso, Oldimar Cardoso. Apoio: Fapemig, CNPq, Capes, Faperj/Uerj/Prociência, Ufop, Unila, Nehm, SBTHH, IEB-USP, Laboratório Redes de Poder e Relações Culturais/Uerj, Comunidade de Estudos de Teoria e História da Historiografia da Uerj, Biblioteca Brasiliana Guita e José Mindlin-USP, Alexander von Humboldt Stiftung, Lateinamerika Institut (LAI), Freie Universität Berlin.

Este livro foi produzido nas
oficinas da Imos Gráfica e Editora na
cidade do Rio de Janeiro